KB244406

공격적인 우리 아이 어떻게 키울까

공격적인 우리 아이 어떻게 키울까

Wenn Kinder aggressiv sind
by Arnd Stein
copyright © 1995 überarb. Neuanflage
by Kösel-Verlag GmbH & Co. München.
Korean translation copyright © 2001 by Jeyoung Communication Publishing
House through the arrangement Agency Chang

도모생애교육신서 5

공격적인 우리 아이 어떻게 키울까

지은이 · 아른트 슈타인

옮긴이 · 조은혜

초판 1쇄 찍은날 · 2001년 5월 30일

초판 1쇄 펴낸날 · 2001년 6월 5일

펴낸이 · 김승태

편집, 교정 · 이상윤

표지디자인 · 한영애

등록번호 · 제2-1349호(1992. 3. 31)

펴낸곳 · 예영커뮤니케이션

110-616 서울 광화문우체국 사서함 1661

유통사업부 T. (02)830-8566 F. (02)830-8567

출판사업부 T. (02)766-8931 F. (02)766-8934

E-mail: jeyoungedit@chollian.net

ISBN 89-8350-640-7   03370

값 6,800원

■ 잘못 만들어진 책은 교환해 드립니다

도모생애교육신서 5

공격적인 우리 아이 어떻게 키울까

아른트 슈타인 지음 / 조은혜 옮김

예영커뮤니케이션

들어가는 말

　아이들의 공격적인 성품은 어른을 성가시게 하고 긴장하게 하며, 신경을 거스른다. 또한 두려움을 줄 수도 있다. 아이들끼리 놀 때 쥐어뜯고 싸운다거나 격투를 벌이는 것은 매스컴에 오르내리는 금지된 폭력적인 행동의 일종이 아닌가?

　폭력적인 아이는 부모나 교사를 두렵게 한다. 그들은 물론 아이들의 공격적인 성향을 가능한 한 초기에 근절시키려고 노력하고 있다. 그러나 많은 경우 그런 노력은 실패로 끝나게 된다. 그리고 아이의 성장과정 중 여러 해 동안 나타나는 위협적인 공격성으로 골머리를 앓게 된다. 역설적이지만 이 작은 전쟁은 부모가 공격적이기 때문에 생기는 경우가 많다.

　그러나 그 이유를 묻는 결정적인 질문을 하는 경우가 거의 없다. 아니면 그 질문은 '모르겠다'는 표시로 어깨를 으쓱거리는 것으로 끝난다. 문제아를 책임져야 하는 부모나 교육학자들은 손을 쓸 수 없는 상태에 대한 분노와 자포자기하는 감정을 동시에 느끼게 된다. 공격성, 이것은 교육에 있어서 피할 수 없는 해악인가? 결코 그렇지 않다. 모든 공격적인 행위에는 분명한 이유가 있다. 물론 아이의 나쁜 버릇과 행동의 이유를 밝히고 이해하는 것이 간단한 일은 아니지만 말이다.

이 책은 난폭한 행동이 어떻게 형성되는지 보여 줄 것이다. 그 외에 아이의 난폭한 행동을 어떻게 길들이며 자주 짜증내는 것을 어떻게 방지할 수 있을 것인가를 생각하게 한다. 이 책을 읽을 때 방관하는 자세로 읽지 말라. 여기에 기록된 일상의 사건들을 당신의 아이에게만 적용시키지 말고 당신 자신에게 적용하며 자신을 다시 인식하도록 하라. 자녀교육 문제를 성공적으로 해결하기 위해서는 당신의 이성뿐 아니라 아이와 함께 살아가며 형성되는 동역자와 같은 감정이 준비되어야 한다.

많은 가정에서 이러한 목표가 이루어지지 않는다는 사실은 빌레펠트대학에서 최근에 연구한 바에 의해 밝혀져 있다.[1] 13세에서 16세까지 2400명의 청소년들을 대상으로 한 조사를 보면 세 명 중 한 명은 여러 번 매질을 당한 것으로 알려져 있다. 그들 중 반은 심하게 따귀를 맞은 경험이 있다. 전체의 18퍼센트만이 맞지 않고 자란 것으로 나타났다. 이 결과는 부모들의 사고와 의식의 변화를 위한 계몽과 조언이 필요하다는 것을 보여 준다.

---

1. 빌레펠트대학의 "어린이에 대한 가정 폭력과 힘의 균형"(Frehsee, D./Bussmann, K.-D)이라는 연구는 연구논문 「Pressedienst Forschung」(1993. 9)으로 발간되었다.

이 책을 위해서 많은 분들이 조언과 도움을 아끼지 않았다. 상담하러 오신 부모님과 아이들, 유치원이나 학교에 오셔서 자극을 주신 부모님들, 원고를 교정해 준 친구와 친지들, 공격성의 상징인물인 '쌈돌이(Agressi)'를 그린 클라우스 뷜레에게도 감사드린다. 이 책이 이해와 화목으로 이어지는 관계 회복의 도구로 사용되기를 바라며, 이 책이 나오기까지 수고하신 모든 분에게 진심으로 감사드린다.

이절론(Iserlohn)에서
아른트 슈타인

목차

공격성, 그 뒤에 숨어 있는 원인은 무엇인가

공격성, 그 뒤에 숨어 있는 원인은 무엇인가

토요일 아침, 자명종은 당신의 꿈나라를 방해한다. 더 자고 싶은 사람에게는 불쾌한 소음이다. 그러나 그날 꼭 해야 할 일들이 있다. 마무리해야 할 일도 있고 친한 친구 부부가 이사한 곳에도 가봐야 한다. 당신은 하품을 하며 일어나서 커튼을 걷는다. 구름이 낀 하늘에 가랑비는 그리 반갑지 않고 유난히 쌀쌀하게 느껴진다. 샤워를 하려는데 전화가 울린다. 남편이다. "벌써 일어났어?" 물론이다. 당신은 일찍 당신 친구 집에 가야 하므로 서둘러야 한다. 아이들과 남편이 어제 오후부터 할머니 할아버지 댁에 가 있는 것이 다행이다. 혼자 있으면 더 빨리 행동할 수 있기 때문이다. 커피 메이커를 켜고, 계란을 삶고, 샤워를 하고 옷을 갈아입으러 다시 침실로 돌아온다. 이제 빨리 먹기만 하면 된다. 계란이 깨져서 구미가 당기지 않는다. 커피 메이커의 유리 주전자를 들어보니 비어 있다. 플러그 꽂는 것을 잊어버린 것이다. 시계를 힐끗 보니 커피 내리기를 기다릴 시간이 없다. 커피 없이 먹는 빵 맛은 헝겊을 씹는 것 같다. 계란은 덜 익어서 너무 물컹거린다. 식사를 끝내자마자 당신은 집을 나선다.

현관을 나서자 차갑고 습한 바람이 얼굴에 부딪힌다. 다행히 당신의 차는 가까이에 서 있다. 몇 분 후에 당신은 시내 백화점에 도착한다. 차 세울 곳이 눈에 들어왔다. 그러나 앞차가 차지해 버린다. 그 동네를 세 바퀴나 돈다. 차 세울 곳이 없다. 시간이 없으므로 당신은 인도에 차를 세운다. 백화점은 호황이다. 계산대 앞에는 장사진을 이루고 있다. 시계를 본다. 당신의 친구는 조바심하며 기다리고 있을 것이다. 드디어 계산을 끝내고 밖으로 나온다. 비는 여전히 오고 있다. 짐칸에 물건들을 집어넣는다. 당신 앞에 제복을 입은 여자가 서 있다. 그녀는 당신이 금방 떠날 것이라는 것을 알아듣는 듯하다. 그러나 너무 늦었다. '보행자 방해'로 주차위반 딱지를 끊은 것이다. 벌금을 내야 한다.

"너무 늦었구나"라는 인사와 함께 친구의 집에 도착했다. 그 집은 아수라장이었다. 할 일이 태산같았다. 오후가 되고 당신은 녹초가 되어 그 집을 떠난다. 당신의 집 앞에 이르러 주머니를 샅샅이 뒤지지만 열쇠는 나오지 않는다. 아침에 서두르다가 잃어버린 것이다. 이웃집에 가 있을 수도 있지만 어떻게 하는 것이 더 현명한지 잘 모르겠다. 당신의 남편과 아이들은 저녁이 되서야 돌아올 것이다. 문득 당신의 눈에 문에 끼인 유리가 들어온다. 당신은 문손잡이 옆쪽의 작은 유리를 깬다. 드디어 집안의 안식이 당신에게 주어진다.

자리를 잡고 앉아 커피를 마시며 잡지를 넘기고 있는데 계단에서 아이들 소리가 들려온다. 열쇠 돌리는 소리가 난다. 당신의 가족이 예상보다 일찍 돌아온 것이다. "문이 왜 그래?" 당신의 설명은 이해되지 않는다. "몇 분만 더 기다리지 그랬어?" 식구들이 그렇게 일찍 들이닥칠 줄 누가 알았겠는가? 당신은 아이들 때문에 잡지를 덮어야 한다. 아이들은 신이 나서 떠들어대고 있다. 남편도 할 말이 많고 몇 가지 의논해야 할 문제가 있다. "너희들 잠시만 좀 조용히 해줄래?" 아이들은 자기방으로 들어간다.

깨진 유리문이 다시 한번 화제가 되고 당신은 이제 열쇠가 어디 있는지 생각해야 한다. 당신이 그날 할 일을 다 마쳤는지? 물론이다. 당신은 시간이 충분했다. 딱지를 뗀 것은 말하지 않는 것이 낫겠다. 그보다 더 큰 사건은 시어머니가 건강이 나빠져서 병원에 가보셔야 한다는 것이다.

아이들 방에서 괴성이 들린다. 큰애가 여동생의 장난감을 빼앗았나 보다. "그만두지 못해!" 라고 소리지르자 두 아이의 문제가 해결된다. 조금 후에 아들이 나와서 텔레비전을 봐도 되냐고 묻는다. 이제 조금 후에 저녁을 먹을 것이고 더군다나 어린이 프로그램은 다 끝났으므로 안 된다. "너희들, 오늘은 일찍 자야 돼!" 얼마 후 쿵, 쾅 하는 소리와 함께 서러운 울음소리가 들린다. 작은아이가 방구석에 앉아 한 손으로는 눈물을 훔치고 다른 손으로는 고소하듯 큰애를 가리키고 있었다. 부모의 인내심은 이럴 때 한계에 다다른다. 몇 초 후에 이번에는 가해자가 울면서 눈물을 닦아낸다.

저녁식사 시간. 큰애는 먹고 싶지 않은 모양이다. "너 제대로 먹을 수 없겠니? 빵껍질이 장난감이야?" 초등학생 정도라면 바른 식사예절을 갖추어야 하는 것이다. 식사시간은 잠잠했다. 다시 한번 큰아이가 지적 받는다. 아마 너무 피곤한가 보다. 작은아이는 코코아를 엎지른다. "조심해라!" 아이들이 잠자리에 들려면 아직도 멀었다.

주말 저녁이므로 깨진 유리는 월요일 아침에나 끼울 수 있다. 주위가 조용해지자 지난 몇 시간의 일이 영화 장면처럼 스쳐간다. 그 일들이 모두 심각한 일이 아니기를 바라는 마음이다. 시어머니의 병환이 머리를 스쳐간다. "나 목말라요!" 큰 아이가 문지방에 서 있다. "나두요!" 딸아이도 덩달아 따라한다. "이제 주스 한잔 마시고 너희들 정말 자야 한다." 애들 방에서 한 번 더 고함소리가 들린다. 또 무슨 일이 일어났을까? 마침내 고요함이 찾아든다. 이제 토요일이 막을 내렸다.

이런 식으로 또는 이와 비슷한 식으로 매일 매일이 지나간다. 사실, 유리를 깨고 문을 여는 것은 일상적인 것이 아니며 교통법규를 어겨 벌금을 내는 것도 예외적인 일이다. 그러나 시간에 쫓기고 주위 사람들의 요구가 있고 어쩔 수 없이 당하게 되는 곤혹스러운 일이 생길 수 있다. 세탁기가 고장난다든지, 모처럼 준비한 특별요리가 실패한다든지, 직장에 문제가 생기는 등 우리의 일상생활이 잘 돌아가지 않는 것은 아주 흔히 있는 일이다. 이렇게 드라마와 같은 하루 일과가 우리의 분노와 관련이 있는지 묻고 싶다. 관련이 있다고 말하면 과장이라고 하겠지만 평범한 일상생활에는 공격적인 행동을 하게 만드는 원인이 숨어 있다. 더 심한 것은 폭력이 흔히 드러나지 않는 요인에서 비롯된 결과라는 것이다. 특정한 분노는 사람의 신경을 상하게 하기에 충분하다. 한 사람의 공격성은 그의 경험세계와 관련된 전체적인 상황을 고려할 때 이해되는 것이다. 어떤 사람에게는 가랑비나 찌푸린 날씨가 기분을 상하게 할 수도 있다. 그러나 그 상황이 다른 사람에게는 무심코 지나갈 수도 있다. 예민하거나 충동적인 사람은 주차할 장소를 찾는 것이 화가 날지도 모른다. 그러나 좀 무딘 사람은 그런 상황으로 스트레스를 받지 않는다. 매일 우리의 신경을 거스르고 화나게 하는 일은 서른 가지 정도가 된다. 아이들의 싸움이 그리 심한 자극을 주지 않는다 하더라도 열 다섯 가지 정도의 요인이 분노를 일으켜서 대인 관계를 어렵게 한다.

우리가 아이들의 공격성에 대해 이해하기 전에 몇 가지 질문을 명확하게 해야 한다. 언제 우리는 공격성에 대해 이야기하는가? 어떤 특징이 공격적이라고 볼 수 있는가? 많은 사람이 '공격성'의 의미에 대해 한 가지로 이해하고 있지만 공격성은 다양한 행동으로 표현된다. 다음 장에서 공격성의 의미를 명확하게 할 것이다.

1. 유익한 공격성과 해로운 공격성

1) 가해성

공격성이 부정적인 것으로 보이지만 원래는 악하지도 유익하지도 않다. 라틴어 원어는 일차적으로 중립적인 의미를 말하고 있다. 즉, "걸어오다, 다가오다, 시작하다" 등의 의미이다. 또 "공격하다, 덮치다" 등의 의미도 있다. 고대 로마에서는 사람이 어떤 과제나 문제에 맞서 손을 쓰는 것을 'aggredi'로 표현했다. 그에 따라 라틴어 'aggressio'는 파괴적인 의미로 번역되지 않았고 중립적인 의미 '달리기의 출발, 돌진'으로 번역되었다. 요새의 보루나 일상적인 어려움을 향해 돌진한다고 말할 때 사용될 수 있다. 원래의 의미를 이렇게 볼 때 사람들은 모든 목적성 있는 행위를 공격적인 것으로 분류할 수 있다. 오늘날은 공격성을 좁게 이해하는 경향이 있다. 대부분의 학자들은 생물체나 상대방을 손상시키거나, 화나게 하거나, 괴롭게 하거나, 상처를 주거나, 죽이고 파멸시키는 행동양식과 관계하여 이해한다. 이렇게 평화적인 행위와 구별되게 보는 이해에는 문제가 없는 듯 하

다. 그러나 그것은 잘못된 것이다. 많은 행동들은 실제로 공격적인 의
도 없이도 상대방을 상하게 하고 파괴하는 경향이 있다. 실수로 꽃병
을 떨어뜨리는 것이 그러한 경우이다. 그와 반대로 내부에서는 공격
적인 성향이 용솟음치지만 화목한 상황을 연출하는 일도 드물지 않
다. 신랄한 비판을 하고 싶어도 표면상 친절하게 할 수 있는 것이다.
그 외에 처음에는 해가 되지만 결과적으로는 오히려 의미 있고 반드
시 필요한 것으로 판명되는 경우도 있다. 이런 경우를 공격성의 결과
로 보아야 하는가? 과연 공격성은 유익한 것인가, 해로운 것인가? 이
런 질문에 대해 다음의 예를 보면 쉽게 답할 수 없을 것이다.

버스를 타고 가다가 다른 사람의 발을 밟았다고 하자. 그런 행동이
공격적이라 볼 수 있는가? 또는, 두 아이가 싸우고 있다고 하자. 작은
아이가 큰아이의 장난감을 빼앗자 큰아이로부터 따귀를 맞은 것이다.
그러자 화가 난 아빠가 큰아이를 때린다. 이러한 상황에서 누가 공격
적이었다고 말할 수 있는가? 정당방위와 공정성을 위해 비롯된 행위라
해도, 애들뿐 아니라 아빠도 공격적이라 볼 수 있지 않을까?

의도적으로 사람을 상하게 하려고 가한 행위도 때로는 판단하기 힘
들 때가 있다. 한 아줌마가 자기의 핸드백을 낚아채려는 젊은이를 우
산 끝으로 때린다. 그런 행위를 '정당방위' 라고들 한다. 그것을 공격
적인 행동이라 말할 수 없다. 그러나 그 아줌마가 청소년의 긴 머리와
버릇없는 행위에 대해 화만 냈다고 하면 그것은 무엇에 속하는가? 다
른 예로, 칼로 사람을 찔러 깊은 상처를 냈다고 하자. 사람들은 그것을
끔찍한 폭력으로 볼 것이다. 그러나 그 무기가 외과 의사의 손에 쥐어
졌다면? 우리는 같은 행위를 다른 종류로 보아야 하는 딜레마에 빠진
다. 문제는 어떤 척도를 가지고 보는가 하는 것이다. 우리는 공격성의
본질을 더 잘 이해하기 위해 그 특징들을 더 살펴볼 것이다.

2) 의도성

"용서하십시오", "미안합니다", "죄송합니다" 등의 표현은 실수로 발을 밟은 데 대해 유감스러운 마음을 표현하기 위해 통상적으로 하는 말이다. 발을 밟았을 때나 어깨를 쳤을 때, 문을 갑자기 열어 남의 얼굴에 부딪혔을 때, 어떤 사람에게 손해를 입혔다는 것은 같은 사실이다. 그러나 그런 경우를 일컬어 공격적이라고 말할 수는 없다. 우리는 우연히 누군가와 부딪히며 의도하지 않은 화를 유발하게 만들 수도 있는 것이다. 그러므로 우리는 공격적인 행위에 해를 끼치고자 하는 의도가 반드시 따른다고 생각할 수는 없다. 이에 대한 학문적인 연구도 있다. 해를 주려는 의도가 있는지에 대한 문제는 결코 이론적인 것이 아니다. 아이의 경우에도 그들의 난폭한 행동을 판단할 때 그릇된 판단이 있을 수 있음을 다음의 예가 보여 준다.

상담하러 온 한 어머니가 11개월 된 딸의 공격성에 대해 말했다. "제가 안기만 하면 제 머리를 잡아당기고, 목걸이를 잡아당기거나 얼굴을 칩니다. 이렇게 작은 애가 어디에서 그런 힘이 나오는지 모르겠습니다. 꼭 저를 화나게 하려고 그러는 것 같습니다. 그러면 저는 그 아이의 손가락을 때려 줍니다." 아기들은 어른들을 큰 인형처럼 생각하고 잡아당기고 쥐어뜯는 데서 즐거움을 느낀다. 아이가 즐거운 소리를 지르며 잡아뜯는 것을 볼 때 그들의 행동의 동기는 호기심과 즐거움에서 비롯된 것이라는 사실을 알 수 있다. 아이들은 때로는 더 심한 행동을 할 때도 있다. 그러나 그것은 해를 주고자 하는 의도와는 전혀 다른 것이다.

아이가 어느 정도로 자신의 행동의 결과를 의식하고 있으며 어떤 동기가 그의 행동에 숨어 있는지 밝히기는 쉽지 않으며 어쩌면 불가능하다고 볼 수도 있다. 그러나 우리는 자세히 관찰한다면 많은 경우에 그들의 행동이 파괴를 위한 것인지, 주위 환경에 대한 흥미의 적극적인 표현인지 알아낼 수 있다. 세 살 된 한 아이의 엄마는 이렇게 말한다. "지긋지긋해요. 뭐든지 손에 잡는 것은 다 망가뜨려요!" 그 작은 아이가 정말 공격적인지는 어머니의 말만 가지고는 판단할 수 없다. 우리는 일단 아이가 어떤 식으로 자신의 장난감을 망가뜨리는지 관찰해야 한다. 그 아이가 집중력을 가지고 열심히 장난감 분해에 몰두한다면 그것은 탐색하고 연구하고자 하는 욕구가 표현된 것이라고 보아야 한다. 아이가 자동차나 인형을 망치처럼 사용한다 해도 그 행동에는 새로운 놀이를 시도해 보는 기쁨이 있는 것이다. 아기들에게는 해악의 의도가 없는 상태와 악한 의도가 구별이 안 되므로 많은 부모들은 자녀들의 발견의 기쁨을 위한 충동적인 행위를 파괴적 행위로 오해한다. 혹은 분명히 공격적인 행위를 단순히 활동성 있는 것으로 착각한다.

사실 어린아이뿐 아니라 어른의 경우에도 해악을 주는 의도는 밝히기 어렵다. 어떤 경우는 전혀 알아낼 수 없다. 그러므로 일상생활에서 잘못된 행동을 해도 자신은 잘못이 없다는 표정과 유감의 표시만을 연기하며 빠져나간다. 잘못을 저지른 사람은 자신의 나쁜 의도를 정말 의식하지 못하거나 그 의도가 고결하다고 믿을 수도 있다. 진정 실수로 저지른 것이나, 오해를 했거나, 무의식 중의 공격성[2]에 의해 행동했는지 분명히 밝혀낼 길은 없다. 다만 심리학에 의해 종합적인 상황의 이해에서 추리해 낼 뿐이다.

우리가 의도적인 해악의 행위를 모두 공격적인 것으로 본다면 폭력에 대한 정당방위나 불이 났을 경우에 유리창을 깨는 것도 공격적인 행위로 묘사할 수 있다. 외관상으로 본다면 수술도 치유하고 생명을 구하기 위한 목적이 있지만 성한 피부와 세포에 의도적으로 상처를 입히는 것이므로 공격적인 것이라 볼 수 있다. 이와 같은 관점은 우리에게 익숙하지 않은 것이다. 우리가 자유롭게 생각을 넓혀 본다면 해를 가할 의도가 없는 행위도 종종 공격적인 행위로 분류할 수 있음을 발견할 수 있을 것이다. 예를 들어 호두를 깨뜨리는 행위를 생각해 볼수 있다. 그런 것까지 공격의 범주에 넣는 것은 불필요하게 따지는 듯한 인상을 준다. 그러나 부모와 자녀간의 행위를 예외 없이 공격성의 측면에서만 생각해 보는 것은 매우 중요하다. 부모들은 보통 두 가지 척도를 가지고 재는 경우가 많다. 때리거나 욕을 하는 아이는 공격적인 것이다. 그것은 분명한 사실이다. 그러나 부모들이 같은 방식으로 공격적인 행위를 할 때 그들의 행위는 무언가 이유가 있는 것으로 미화된다.

____

2. 상해를 주려는 의도가 의식했는가 아닌가에 따라 결정되는 것인지 문제를 제기할 수 있다. "무의식적인 의도"라는 표현은 모순을 포함한 말이다. 우리는 학문적인 문제로 인해 우리의 머리를 복잡하게 하지 말아야 한다. 의식하지 못하는 공격적인 충동을 일상적으로 만나는 사람 사이에서 발견하고 의식하게 만드는 것은 훨씬 더 의미 있다고 볼 수 있다.

　　공격적으로 행한 결과 상해를 입히는 행위가 유익한 것인지 해로운 것인지, 또는 정당한 것인지 부당한 것인지, 의미 있는 것인지 없는 것인지는 일괄적으로 결정할 수 없으며 각 경우를 보는 시각과 각각의 상황에 달려 있다.

3) 상황

　　의도적으로 뺨을 때린 경우를 생각해 보자. 일반인들은 손찌검을 근본적으로 공격적인 것으로 이해한다. 그러나 그것은 정당방위의 경우에만 정당화될 수 있고 법적인 보호를 받을 수 있는 것이며 권투 경기에서처럼 경기 법칙에 의해서만 누릴 권리가 정해진다. 그럼에도 불구하고 다른 주장이 있다. "주먹을 쓰지 않고도 확실하게 방어할 수 있다"고 하면서 폭력의 사용을 근본적으로 인정하지 않는 것이다. 다른 사람의 신체에 상해를 입히는 일이 권투에서 유익하고 의미 있는 것인지는 이성적인 사고를 지닌 사람에게는 쉽지 않은 문제이다.

　　일반적인 상황에서도 상반되는 평가가 나온다. 남의 집에 들어가 도둑질하는 것은 의심의 여지없이 의도적인 파괴행위이므로 공격적인 행위로 이해된다. 그러나 쓰러질 듯한 건물이 무너져 희생자가 생길지 모르는 상황에 대해서는 아무도 염려하지 않는다. 벽을 예술적으로 꾸민 새 집이 시멘트와 유리로 지은 평범한 건물이 들어서기 위해 철거되야 한다면 사람들은 어떻게 반응하겠는가? 아니면 도시계획에 의해 유적지 전체가 헐리게 된다면 어떻게 되겠는가? 기술적인 진보를 옹호하는 사람도 물론 있을 것이다. 그들은 건축의 필요성과 유용성을 들고 대항할 것이다. 그러나 문화적 가치를 중시하는 사람들은 역사적 유산의 파괴를 무의미하며 불합리한 공격으로 여길 것이다.

자녀교육에서 나타나는 공격성은 부모의 의견일치에서도 나타난다. 부모들은 "우리는 아이들을 위해 최선의 것을 추구해야 한다"고 생각한다. 그러나 이런 결심과 함께 부모들은 그들의 자녀들에게 해를 끼치게 된다. "때려야 할 때 때리는 것은 해롭지 않다"거나 "가끔 아이들을 야단쳐야 한다"는 주장을 하는 부모들은 자신들의 공격적인 교육방법을 정당하며 유익하고 의미 있는 것으로 생각한다. 가족이라는 범위 안에서 부모들은 관습법을 제정하여 아이들에게 교훈과 벌을 주는 데 있어서도 정당화의 여지를 만들어 놓는다. 몇 세대 전부터 성공적으로 실행되어 온 것은 거의 해롭지 않다고 볼 수 있으며 더 이상 토론할 필요가 없을 것이다. 그러나 뺨을 때리는 것은 어쨌든 아이에게 고통을 준다. 부모들은 바람직하지 못한 아이의 행동에 대해 위협적이거나 심한 말을 할 수도 있을 것이다. 문제는 부모들의 그런 반응이 아이들을 '예의바른 사람'으로 만들기 위해서 필수적인가 하는 것이다. 우리는 좋은 의도로 인한 공격적인 행위가 자녀들에게 어떤 영향을 주는가에 대해 구체적으로 논할 것이다. 그전에 더 공격적인 표현의 다양한 양상을 살펴보자.

4) 공격성의 표현 방식

'공격성' 이라는 말에서 사람들은 우선 손으로 공격하는 것을 생각한다. 잔인한 폭력 행위부터 아이들이 때리고, 밟고, 물고, 할퀴는 것까지 생각한다. 그 외에 사람들은 언어의 폭력도 또한 매우 공격적인 것으로 본다. 비난하는 듯한 말투와 강한 억양에 한술 더 떠서 큰 목소리와 제스처까지 쓴다면 그 말은 영락없이 공격적인 것이다. 이 모든 공격적인 언행은 분노와 화가 혼합되어 있는 것이다. 그러나 사람들은 공격적인 행위가 충동적이고 화가 난 감정의 폭발만이 아니라는 사실을 쉽게 간과한다. 공격적인 언행은 복합적인 것으로, 피괴에서 오는 기쁨이나 쾌락이 혼합되어 있다. 겉보기에는 친근하지만 날카로운 아이러니가 혼합된 농담은 이성의 작용에 의한 세련된 공격이다. 공공연하거나 은밀하게 비꼬는 말로 한 사람을 따돌리는 것은 아이들 세계에서는 흔히 있는 일이다. 아이들은 말로만 아니라 행동으로 보이기도 한다. 자신의 맘에 들지 않는 친구에게 불쾌하다는 표정을 짓거나, 다리를 걸거나, 의자를 뒤로 빼 넘어지게 하거나, 자전거 바퀴의 공기를 빼놓거나, 깜짝 놀라게 만들기도 한다. 이러한 공격행위는 아이들이 선호하는 것이다. 개인적인 유익을 목표로 하는 공격은 분노와 함께 행해진다. 놀이방에서 장난감을 서로 빼앗는 것부터 도둑질과 속임수까지 다양하게 나타난다.

이 모든 예들은 의심할 바 없이 남에게 해를 주는 결과를 가져온다. 그러나 그와 반대로 수동적이고, 반응이 없고, 말로 표현하지도 않고, 참여의식도 없는 아주 평화로운 표정을 하고 있는 사람을 공격성의 측면에서 논한다면 어떻게 평할 것인가? 여덟 살이 된 민재를 잘 관찰해 보자. 그는 평화롭고도 점액질과 같은 분위기를 갖고 있다. 그는 어린 동생과 거의 싸우지 않으며 선생님은 그 아이를 사교적이라고 평한다. 그럼에도 불구하고 민재는 엄마를 매일 화나게 한다. "손씻지 못해!", "방 청소 좀 해!", "숙제 좀 해라!", "이제 네 방에 가지 못하겠니!"라는 질책은 민재에게 계속 쏟아지는 말이다. 민재의 아버지는 자기 아들이 감각이 둔하다고 생각하며 고집이 세다는 데에서 문제의 답을 찾으려 한다. 우리가 아이와 엄마 사이의 작은 전쟁을 눈여겨본다면 재미있는 결론을 내릴 수 있을 것이다. 엄마의 분노가 극에 달해 욕을 하듯 잔소리를 쏟아 놓으면 민재는 갑자기 눈에 띄게 만족한 표정을 짓는다. 교활한 미소가 그의 얼굴을 스쳐간다. 그 아이는 엄마의 화난 모습을 아무도 모르게 즐기는 것이다. 손가락 하나 까딱 안 하고 그는 결투에서 승리한 것이다.

다른 사람의 청이나 간구를 지속적으로 무시하며 수동적인 자세로 대하는 것은 공격성이 수동적인 저항으로 세련되게 표현되는 것이다. 순진무구한 표정 밑에 악한 의도를 숨길 수 있으므로 당하는 사람은 겉잡을 수 없는 분노에 빠지게 된다. 우리가 어린아이나 어른들이 부드러우면서도 고집스럽게 저항할 때 그들의 지속적인 행위를 공격성으로 보지 않는다는 것은 이상한 일이 아니다. 절대적인 수동성 아래에는 강력한 공격성향이 숨어있는 경우가 많다. 상황에 따라 다르기는 하지만 묵비권을 행사하는 것도 차가운 적대감을 표현하는 것이다.

다행히 악한 의도가 반드시 공격적인 행동으로 이어지는 것은 아니다. 분노에 휩싸인 감정이나 저주의 감정, 심지어는 죽음의 저주까지도 인간 삶에 동반되는 것이다. 서로에게 유감이 없이 평화스럽게 사는 어떤 시대에도 내적으로 공격적인 삶의 양식에서 항상 자유로운 것은 아니었다. 친절하고 사랑스러운 성품으로 누구에게나 환영받던 한 젊은이가 상담시간에 자신의 마음에 숨겨진 소원을 이렇게 털어놓았다. "저는 총으로 아무나 다 쏘아 죽이고 싶을 때가 있습니다. 물론 실제로 그렇게 하지는 않겠지만 그런 일을 자주 생각합니다." 그러한 공격적인 상상은 흔한 것이 아니며 성인에게 금지된 것도 아니다. 마찬가지로 아이들의 마음에도 그런 파괴적인 생각들이 일어나는 것이다. 많은 아이들의 그림이나 연상동화나 꿈에서 그런 성향을 어렵지 않게 발견할 수 있다.

"아이들의 공격성이 상상에서만 작용하는 한 해를 주지 않으므로 염려할 필요가 없습니다. 아이의 그런 상상은 다른 출구를 통해 해소될 수 있습니다." 한 아버지가 이렇게 말했다. 그것은 맞는 말이다. 인간의 환상이나 바람이나 꿈은 정신적인 출구를 통해 해소될 수 있다. 그 방법으로 인간은 마음의 열정을 누그러뜨리고 내적인 압력을 분출할 수 있다. 그럼에도 불구하고 우리는 아이의 파괴적 상상에 대해 생각해 보아야 한다. 더구나 그런 파괴적인 생각이 지배적이라면 무관심하게 지나쳐서는 안 된다. 공격성이 적체되어 있다면 그 원인을 생각해 보아야 한다. 특별히 순한 사람의 공격성은 제어장치가 잘 발달해 있으므로 억압의 감정과 함께 공격성을 즐기는 성향이 두드러지게 나타난다. 억압되고 부자유한 감정이 지속되면 어느 날인가 상상의 틀을 넘어 그 감정은 너무나도 갑자기 폭력으로 폭발할 수 있다. 그러

면 주위에서는 그렇게 점잖고 신중한 사람이 어떻게 그런 일을 저지
를 수 있는지 의아해 한다.

사색형의 사람에게는 공격성이 또 다른 형태로 나타난다. 자신을
상하게 하거나 파괴시키는 것이다. 그런 류의 사람에게 공격성은 고
뇌에 쌓인 자책이나 우울증으로 나타나 인격에 치명적인 영향을 주기
도 하지만 그 현상은 공격성으로 인식되지 못하고 있다. 사실, 그런 식
으로 자신에게 해를 주는 파괴성 역류현상이 공격성의 개념에 포함되
어야 하는지에 대해서는 논란의 여지가 있다. 가해성의 의도는 자신
도 인식하지 못한다. 가해성의 행위는 생각으로 표현될 경우에는 직
접적으로 관찰될 수 없다. 자신에 대한 가해성의 악순환이 치명적인
정도—즉, 자살—에 다다를 때까지 아무도 이러한 행위의 공격적인
성향에 대해 의심하지 않게 된다.

공격성의 숨겨진 모습을 밝혀내기 위해 우리의 눈은 외적으로 공격
적인 사람에게만 머물러 있어서는 안 된다. 사교적이고 친절한 사람
들도 때에 따라서는 공격적이다. 그러면 이 가해적인 충동은 어떻게
형성되는가? 왜 많은 사람들이 그렇게 악한가? 공격성의 원인은 어디
에 있는가? 우리는 다음 장에서 이 문제에 대한 설득력 있는 답을 얻
고자 한다.

2. 모든 악의 뿌리

네 살 된 정희는 다른 아이들과 즐겁게 놀이터에서 놀며 빨간 플라스틱 양동이에 뒤질세라 모래를 열심히 채우고 있었다. 정희 엄마는 가까운 벤치에 앉아서 신문을 보고 있었다. 갑자기 정희는 하던 일을 멈추더니 주위를 둘러보았다. 정희의 눈길은 인형을 갖고 노는 동갑내기 여자아이에게 잠시 멈추었다. 그러더니 당장 그 아이에게 달려가 얼굴을 두 번 후려갈겼다. 정희 엄마는 스프링처럼 일어나서 자기 아이를 꽤 아프게 때리며 야단을 쳤다. 얻어맞은 여자아이의 엄마도 그 현장에 나타났다. 그 엄마는 우는 딸을 위로하기 전에 "나쁜 녀석", "못되 먹은…" 등의 욕을 해가며 분노를 표현했다. 정희 엄마는 이 사건에 대해 이렇게 변명했다. "우리 애가 이유 없이 모르는 아이에게 덤벼들어요. 아마 할아버지를 닮았나 봐요. 할아버지도 그렇게 갑자기 화를 내시거든요!"

공격성은 악한 유전자에 기인하는가? 선천적인 성향에 따른 것인가? 일부 부모들만이 이런 식으로 이해하는 것은 아니다. 저명한 학자들 중에는 공격성향이 이 세상에서 일어나는 악한 일에 책임이 있다고 믿는 사람들도 있다. 이러한 시각은 아이들의 공격성향을 다루는 데 영향력을 미친다. 공격적인 행동이 유전성향에 의한 것이라고 확신하는 사람들은 아이의 공격성이 교육의 효과에 의해 고쳐질 수 없는 운명적인 것이라고 믿는다. 그러므로 우리는 유전적 공격성에 대해 찬반론을 펼쳐보며 비판적으로 검토해 보아야 할 것이다.

1) 공격성은 유전되는 것인가?

주체할 수 없는 충동적 성향과 자연적 본능이 공격성의 문제라면 우리는 동물의 세계를 그려볼 수 있다. 충동적 성향은 인간이 이성을 잃은 것이라 볼 수 있다. 공격성향이 존재하는지에 대해 행동연구 학자들이 논란을 벌인 것은 이상한 일이 아니다. 콘라드 로렌츠(Konrad Lorenz)는 그 중에 가장 유명한 학자인데 십여 년을 동물의 행태를 관찰한 결과, 같은 종에서 나타나는 공격성은 유전적 성향의 결과이며 자연적인 것이고 생존을 위한 의미를 지니고 있다는 논지를 갖고 이 이론을 강력하게 지지하고 있다. 이 이론은 한편으로는 자연도태를 합리화한다. 생존경쟁에서는 가장 강한 자가 공격적인 성향 덕에 살아남으며 공격성향은 생존을 위한 가장 훌륭한 전제조건이다. 그 이론은 다른 한편으로는 동물들 가운데 분명한 관계를 유지시킨다. 먹이 사냥을 통해 동물들은 살 공간이 좁아지는 것을 방지하며 먹이가 부족해지는 것도 방지한다. 동물의 세계 내에서 세력다툼은 결국 정치적 불안을 방지하는 질서를 유지시키는 역할을 한다. 이러한 근거로 로렌츠는 동물에게서는 지속적으로 공격적인 에너지가 생겨나며 불가피한 때에 일정한 시간을 두고 우발적으로 그것을 소모하게 되며, 환경적인 요인의 유무는 문제가 되지 않는다고 주장한다. 우발적인 행위로 인해 에너지가 소모되는 현상은 로렌츠에 의하면 공격적인 행동양식의 특성의 전형적인 표현이다.

그러나 동물에 대한 조사 결과는 로렌츠의 주장처럼 분명한 것이 결코 아니다. 미국의 학자들은 개들 사이의 공격성은 환경적인 요인을 변화시킬 때 피할 수 있다는 것을 증명했다. 예를 들어 고양이를 어미와 함께 키우지 않고 쥐와 함께 키운다면 잡아먹거나 싸우지 않고 잘 지낸다는 것이다. 예로부터 원수로 알려진 동물도 친근하게 만드는 환경 속에서 자라게 하면 우정을 맺을 수 있는 것이다. 인간이 환경을 조작함으로 공격적 충동이 발휘되는 것을 오랜 기간 동안 지연시킨다면 동물의 공격성은 일반적으로 낮아지는 것으로 나타난다. 이 연구 결과는 공격성이 생물학적 에너지에 근거한 것이라는 이론에 모순되는 것이다.

로렌츠는 동물을 연구한 것으로 만족하지 않았다. 그는 인간은 자연의 법칙에 의해 이성적 존재로 분류되고 있지만 포유동물의 양상을 일부 나타내고 있다는 사실을 들어, 많은 인간 내면의 공격성향에 의해 자신의 이론을 지지하려고 한다. 인디언들과 다른 종족을 민속학적으로 관찰한 결과 또, 개인적인 경험에서 그는 어렵지 않게 분명한 충동적인 공격성향을 발견한다. 그 이론의 정당성을 입증해 주는 예

로 그는 자신의 아주머니가 집안 일을 도와주는 여자와의 갈등이 있
었던 예를 들고 있다. 처음에는 그 여자와 별일이 없었지만 아주머니
는 점점 비판적이고 공격적인 발언을 하기 시작했다. 그래서 10개월
정도 되었을 때는 한바탕 싸움을 벌인 후 그 여자를 해고하게 되었다.
로렌츠는 사건의 진상에 대해 잘 알고 있었다. 미망인이 되기 전에는
사랑스러웠던 아주머니가 이제는 삶에 대한 불만으로 인해 점점 증가
하는 공격적인 성향을 주기적으로 폭발시키는 수밖에 없는 것이다.

심리학의 문외한들은 이 결론을 감탄하며 받아들일 것이다. 그렇다
면 한 인간이 꽤 오랜 기간 동안 심리적 안정감을 갖고 평온하게 살기
위해서는 일 년에 한두 번 공격성을 터뜨려야 한다는 것인가? 그것은
너무 단순한 사고이다.

로렌츠의 연구는 자신의 결론을 입증하기 위한 부자연스러운 것이
었다. 원시 종족이 '야만인'으로 묘사되는 것은 언어가 주는 느낌 때
문이 아니다. 이제까지의 여행 안내서와 모험적인 소설들은 각 대륙
의 비문명기에 살고 있는 사람들이 예측불허의 공격성을 지니고 있으
며 피에 굶주려 있는 모습이라고 강조하고 있다. 인디언 아이들의 그
림에는 고문이나 화살 등이 평화의 피리나 벽난로의 낭만보다 더 잘
표현되어 있다. 그러므로 우리는 다음과 같이 질문하게 된다. 자연적
인 공격성에 대한 가설이 진실이 아닐까? 일상생활에서 나타나는 공
격성이나 세계사에서 볼 수 있는 전쟁 등 끔찍한 일이 모두 선천적인
공격성에 기인한 것이며 그것이 다만 문명의 힘으로 억제된 것으로
볼 수 있지 않은가? 민속학자들의 답은 예상과 다르다. 인류의 선조는
대체로 수렵에 종사했는데 그들은 대단히 평화적인 기질을 가진 것으
로 보인다는 것이다. 신석기 시대의 원시인이나 야만인도 문명인들이
지닌 편견과 추측보다 난폭하지 않았다는 것이다. 그린란드나 아프리

카에는 미개한 종족들이 살지만 그들이 고도로 발전한 산업 사회의 문명인보다 훨씬 더 평화를 사랑한다. 공격적이고 투쟁적인 성향이 역사를 만들어 내는 것이며 우리의 세계상을 양보심과 타협적인 자세에서 멀어지게 한다.

원시 부족들의 다양한 공격성의 표현에 대한 조직적인 연구에서 마가렛 미드(Margaret Mead)나 에릭 에릭슨(Erik Erikson) 같은 학자는 우리로 하여금 다시 생각하게 만드는 통찰력 있는 근거를 발견했다. 원주민이 아이들을 친절하고 선량하게 다룰수록 총체적인 종족의 공격성 수위는 낮아진다. 인간 행동에 대한 이 중요한 사실은 대부분의 행동 발전 심리학자들에 의해 입증되었다. 그러므로 우리는 인간의 공격성향이 환경적 요인에 의해 정해진다는 것에 대해 결론을 내려야 한다. 그럼에도 불구하고 많은 심리학자들은 행동연구가들처럼 이 세상의 악이 공격성의 결과라는 견해를 갖고 있다. 이 결론의 원조는 지그문트 프로이트(Sigmund Freud)이다. 그는 1차 세계대전으로 인해 인간이 선천적으로 파괴적인 행위를 한다는 결론에 다다르게 되었다. 프로이트는 『쾌락원칙을 넘어서(*Jenseits des Lustprinzips*)"라는 저서에서, 인간에게는 생존을 위한 에너지만 있는 것이 아니라 죽음을 향한 성향과 충동이 있다고 말하고 있다. 그런 파괴적인 소질은 인류를 소멸시킬 위험이 있으므로 인간 은 인간이 아닌 다른 대상을 찾는다. 죽음의 성향은 인간 자신에게 향하지 않고 자연을 향하게 된다. 죽음의 성향은 생명을 직접적으로 위협하는 특성은 잃게 되지만, 공격성의 옷을 입고 해로운 결과를 낳는다. 프로이트 자신은 이러한 논리의 전개는 오히려 사변적인 특성을 지니고 있다고 인정한다. 그리고 인간은 그의 이론에 대해 회의를 나타낼 수 있다. 죽음의 충동에 대해 어떤 종류의 설득력 있는 심리학적 이론을 발견할 수 없는 것이다.

우리가 본 것처럼 공격성의 발산이 불가피하다는 이론에 반박할 만한 실상은 충분히 나타나고 있다. 공격적 충동을 지지하는 모든 논지는 모순이 있거나 허황되다. 그럼에도 불구하고 인간의 공격적 충동은 어떤 경우에도 선천적으로 주어진 요소에서 자유로울 수는 없다. 충동적이고 공격적인 행위를 동반하는 화나 분노와 같은 감정은 대뇌 중심부에서 조정된다. 한 인간이 생동감 있고 정열적으로 살수록 그의 공격성은 격렬해진다. 공격성은 치고 밟는 팔다리와 깨물 수 있는 치아에까지 영향을 미친다. 그런 신체적 도구를 사용하는 것은 그 사람의 개인적인 경험에 달려 있는 것이다.

정희의 행동을 다시 생각해 보자. 그 아이는 자기 인형을 갖고 노는 여자아이를 이유 없이 때렸다. 이제 우리는 이런 현상은 유전된 분노의 문제라는 가설로 돌아갈 수 있을 것이다. 정희의 손찌검에는 정희의 어머니와 상담한 결과 어쩔 수 없는 원인이 있음이 밝혀졌다. 그 원인은 그 아이의 유전적 요인에 있지 않고 그의 교육 환경에 기인한 것이었다. 아이들의 갑작스러운 행동의 원인은 분석하기 쉽지 않고 또는 잘 밝혀지지 않으므로 많은 부모들은 실마리 같은 단서라도 잡고자 한다. 악한 본성은 이미 아이 내면에 새겨져 있으며 결국 아이의 불량한 행동에 대해 책임을 떠맡게 된다. 이러한 시각은 물론 결정적인 장점이 있다. 희생양이 발견된 것이다. 발견된 이상 부모들은 자신의 아이에 대해 더 이상 연구할 필요 없이 편하게 있으면 된다. 바로 그 안에 충동 이론의 위험이 존재한다. 그 이론은 아무 대책 없이 아이의 공격성에 대해 미워하거나 방관하는 것으로 머물게 할 뿐이다. 이와 같이 학부모 상담시간에는 문제의 원인을 가족의 지병이나 유전적 요소가 아니라 자신의 교육방식에 있음을 인정하게 하고 그 원인을 찾게 하는 어려움이 발생한다.

물론 인간 내면의 악한 성향을 외부로 들춰내서 그 책임을 부모들에게 돌리는 것은 문제 해결에 도움이 되지 않는다. 우리는 판단하려 하지 않고 이해하려 한다. 다음의 내용은 아이의 공격성을 부추기는 환경적 배경에 대한 이해를 돕고자 한다.

2) 환경, 공격성을 가르치는 학교

인간 내면에 선천적인 악한 성향이 존재하지 않는다는 사실에서 시작하려면, 우리는 한 인간의 경험을 자세히 관찰하며 공격성의 이유를 밝혀 내야 한다. 물론 인생의 학교에는 고정된 커리큘럼이 없다. 모든 인간은 개인적인 발전 과정을 통해 배우게 된다. 결과적으로 공격성에 대한 이유와 발동요인이 수없이 많지만 보편타당한 근거를 대기는 쉽지 않다는 것을 발견한다. 따라서 우리는 모든 환경적 요인이 공격성을 만들어 낸다는 결론에 이를 수 있겠다. 그럼에도 불구하고 공격적인 행동과 아주 밀접하게 관련된 몇몇의 전형적인 전제와 학습조건이 결정된다. 우리가 아이의 공격성을 처음부터 저지하고 감소시키기 원한다면 우리는 그 전제와 학습조건을 알아야 할 것이다.

(1) 아픔을 주는 좌절감

"빌어먹을! 제기랄!" 이런 욕에 가까운 비속어는 자기가 목적하던 바가 이루어지지 않고 좌절감을 느낄 때 사용하는 말이다. 그런 예는 주차할 곳을 찾던 중 마지막 남은 한 칸을 다른 차에게 빼앗겨버렸을 때나, 집 앞에서 문을 열려고 하는데 열쇠가 없는 상황 등 다양하다. 또 자신의 안전이나 편안함에 위협과 무시, 형벌, 실패, 육체적 아픔이 다가올 때에도 사람들은 좌절감을 느낀다. 미국의 학자 존 달라드(John Dollard)와 그 연구팀은 그런 류의 불쾌한 경험 속에서 공격성의 근본 원인을 찾아냈다. 그는 30대 후반에 다음과 같은 명언을 남겼다. "모든 좌절감은 공격성이 된다." 수많은 학문적인 연구는 이러한 관계를 근본적으로 입증할 수 있었다. 그러나 공격성의 형성이 그렇게 간단하게 밝혀질 수 있는 것은 아니다. 더 연구를 해보면 좌절감은 공격성과 관련이 없다고 말할 수도 있다.

미국 심리학자 로저 바커(Roger Barker)는 유치원 아이들이 그들의 좌절감을 어떻게 처리하는지에 대해 연구 결과를 남겼다. 우선 아이들을 30분 간 자유롭게 놀게 했다. 그리고 그 아이들의 상상력과 독창성에 관해 조사를 했다. 그리고 아이들을 매우 흥미를 끄는 진기한 장난감이 많은 방으로 데리고 갔다. 아이들이 장난감을 갖고 즐겁게 놀기 시작하자 실험관은 그 놀이를 방해하고 장난감들을 철조망 뒤로 숨겨버렸다. 철조망을 통해 그 장난감은 잘 보였지만 손이 닿을 수는 없었다. 실험관은 아이들을 30분 간 관찰했다. 그때 아이들은 처음에 놀 때와 매우 큰 차이를 보였다. 아이들은 그전보다 훨씬 불안해했다. 어떤 아이들은 실험관에게 불평을 하고 어떤 아이들은 철망을 발로 차기도 했다. 이러한 불만보다 더 중요한 것은 다른 것이었다. 좌절한 아이들의 놀이는 첫번 실험 부분보다 독창적인 상상력이 떨어진다는 것이다. 그들은 제 나이보다 더 어린 아이들이 노는 식으로 놀고 있었다.

이 연구 결과는 공격적인 행동이 좌절감을 느낀 데 대한 반응으로 나타났다고도 말할 수는 있지만 좌절감의 유일한 반응만이 아님을 또한 말해 주고 있다. 미성숙한 행동양식으로 가는 퇴행과 체념과 불안 외에 좌절감은 긍정적인 결과를 줄 수도 있다. 어느 실험에서는 아이들에게 실망하는 순간이 와도 화내거나 토라지지 말고 건설적으로 반응하도록 타일렀다. 실제적으로 실험에 참여한 아이들은 좌절감을 상상력이 풍부한 놀이를 하는 자극제로 삼게 되었다.

일상생활에서도 방해를 받고 안 풀리는 일을 더 창조적으로 만들 수 있다. 아까 말한 예대로 당신이 열쇠가 없이 집 앞에 서 있게 될 경우 당신은 화를 내거나 당신의 운명에 순응하여 당신의 배우자가 올 때까지 기다려야 할 것이다. 또는 당신의 영웅심을 다 동원하여 열쇠 없이도 문을 열거나 다른 길로 집에 들어가는 것도 시도해 볼 수 있을 것이다. 비슷한 반응의 차이는 아이의 예에서도 나타난다. 당신이 아이에게 좋아하는 텔레비전 프로그램을 보지 못하게 한다면 아이는 투덜거리거나 사납게 굴 것이다. 어쩌면 실망해서 구석으로 가서 울지두 모르겠다. 그러나 결과적으로 어린아이가 갑자기 자기 놀이에 열정적으로 임하는 현상이 나타날 수도 있다. 우리는 좌절감이 창조적인 능력을 일깨우는 경우도 볼 수 있다. 그 창조력은 자기를 방해한 요소들을 극복하며 다른 활동에 날개를 달아 준다.

공격성을 연구하는 학자들은 이러한 논지를 인정해야 했다. 달라드는 자신의 본래의 논지를 양보하여 좌절감이 분노에 대한 결정적인 요인이 아니라 다른 요인과 함께 작용하는 것이라고 인정했다. 여러 명의 학자들이 이 명제를 인정하며 완성시켰다. 불편한 경험들은 직접적으로 결과를 미치지 않고 그 경험과 연관된 분노가 축적되어 일종의 압력밥솥이 된다는 것이다. 이 압력밥솥의 압력, 즉 인간의 분노가 일정한 정도에 다다를 때 김을 빼 주지 않으면 폭발하는 것이다. 그러므로 갑자가 외관상 이유 없는 분노가 폭발하는 것이다. 마치 마른 하늘의 날벼락처럼 주위를 놀라게 하는 분노가 일어나게 된다. 가장 최소한의 이유, 즉 분노에 대한 생각을 하는 것만으로도 상황과 무관하게 분출되는 분노에 대한 이유가 될 수 있다. 여러 번 경험한 좌절감의 총합은 분노만큼 클 것이다. 어느 누구도 화는 화를 불러일으키며, 공격적인 행동의 문턱을 낮추어 더 쉽게 공격성을 드러내게 한다는 것을 입증할 수는 없다. 그렇다면 아이들에게 실망스러운 경험을 제거한다면 아이들의 성품을 온화하게 만들 수 있겠는가? 다음의 예는 그에 대한 답을 준다.

열 살이 된 민철이는 아이들이 갖고 싶어하는 모든 것을 갖고 있다. 그 아이의 방은 멋있는 장난감으로 가득 차 있다. 그 방에는 오디오와 텔레비전까지 갖추어져 있다. 지난번 생일 때에는 아빠에게 전문가 수준의 사진기와 장비를 선물로 받았다. 물질적인 소원이 완벽하게 이루어진 것 외에도 민철이에게는 완벽한 자유가 주어져 있다. 민철이는 밤늦게까지 텔레비전을 봐도 괜찮았고 자기가 좋아하는 것을 해도 되고, 싫증날 때 그만둘 수 있었다. 외형적으로 볼 때 이 어린 왕자님의 삶에는 좌절감이 없는 것처럼 보인다. 그러나 민철이의 부모님은 갈수록 민철이가 사나워지는 것과 담임 선생님이 민철이를 호전적이고 다루기 힘든 아이로 평가하는 데 대해 이해하지 못하고 있다. 민철이 어머니는 상담시간에 이렇게 말한다. "이 아이는 원하는 모든 것을 갖고 있어요. 우리는 모든 것을 그 아이의 자유에 맡겨요. 그런데 왜 그 아이가 그러는지 이해할 수가 없어요." 상담결과 어머니와 자녀의 관계 분석이 실마리를 풀어 주었다. 예를 들어 민철이가 그림을 그려서 부모들에게 자랑하기 위해 보여 주면 부모들은 "시간이 없구나" 또는 "나 좀 편하게 놔두지 못하겠니?" 등의 답으로 일관한 것이다. 밤에 잠자리에 들 때 민철이가 옛날 이야기나 다정한 자장가를 청하면 부모들은 다 큰 애가 혼자 자지 못한다고 핀잔을 주며, 부모들만의 방해받지 않는 주말을 보내곤 한 것이다. 부모들이 항상 성난 듯이 객관적으로 규정하는 듯하며, 비난조로 반응을 보인 것이 민철이의 뇌리에 새겨져 있었다.

이 어린아이의 운명은 많은 것을 시사한다. 물질적인 풍부와 너그러운 양육 방식이 좌절감을 제거하는 경우가 있다. 그러나 동시에 무의식적으로나 외적으로 받은 거절감과 애정의 결핍에서 오는 깊은 실망이 숨어 있을 수 있다. 외관상으로는 행복하고 만족스러워 보이는 많은 아이들이 실제로는 외롭고 이해 받지 못함으로 인해 깊은 곳으로부터 좌절감을 느낀다는 사실이다. 이것을 근거로, 풍부함 속에서 누리는 아이들에게 공격성이 더 잘 나타난다고 말한다면 부유층에 대한 비방이 될 것이다. 그러나 아이들의 소원이 성취되었다고 해서 만족이나 평온함을 반드시 얻을 수 있다는 것이 아니라는 사실은 확실하다. 한 아이의 분노를 방지하기 위해 많은 장애물을 제거하고 모든 소원을 이루어 주는 것은 소용없는 일이다. 오히려 아이들은 양보하고, 포기하고, 불가피한 실망을 견디어 내는 것을 배워야 한다. 다시 말하자면 좌절감을 관용으로 받아들여야 하는 것이다. 그밖에, 어린 아이가 인격적으로 받아들여지며 격려를 받고, 애정이나 감정적 필요를 채우고 인정받는 일에 있어서 덜 실망하게 될 때 아이는 실망을 잘 극복할 수 있을 것이다.

우리는 아이들의 실망과 분노가 어떻게 형성되는지 자세히 관찰해야 한다. 다음의 두 가지 기본적인 좌절감의 종류는 아이들이 매일 경험해야 하는 것이라고 할 수 있다.

· 우연한 사건이나 객관적인 필연성의 결과로서의 좌절감.
· 부모나 다른 사람들에게 개인적으로 거절당한 데 대한 좌절감.

이 두 가지의 차이로부터 우리는 아이의 삶에는 불가피하거나 필수적인 제한이 있음을 볼 수 있다. 아이가 모래사장에서 놀거나, 야외 수영장에 가려고 하는데 갑자기 비가 내려서 방해를 한다면, 아이가 경험하는 실망을 아무도 보상해 줄 수 없을 것이다. 병이나 사고, 불행한 환경 등 피할 수 없는 불운과 저항들은 인간의 삶에 지속적으로 동반되는 것이다. 그러나 힘든 숙제와 매일밤 잠자리에 들어야 하는 일 등, 일상적인 규율은 아이들의 자유로운 발전을 방해하며, 그의 필요를 다 채우지 못하게 하므로 마음의 평정을 해치기도 한다.

부모들 생각처럼 아이의 자유를 방해하는 것들이 불가피한 것은 아니다. 아이들의 자유를 제한하는 것은 의도적인 것이 될 수 있다. 그것이 아이의 시각에는 근거가 없는 지나친 것이 될 수 있는 것이다. 아홉 살 된 한 아이가 자기 엄마에게 불평하고 있다. "내가 재미있게 놀기만 하면 엄마는 저를 불러요. 빨리 들어가지 않으면 큰일나요. 저는 그게 너무 싫어요. 제가 엄마를 부르면 엄마는 항상 시간이 없다고 하거든요." 우리가 반론을 제기할 수 없는 아이의 논리이다.

부모들에 의해 거절당할 때 오는 좌절감은 아이가 제한 받고 방해받을 경우보다 더 심각하게 작용한다. 부모들에 의한 거절은 관심의 부족으로 인한 정서적인 불안이나 육체적인 학대나, 성나거나 비난하는 듯한 말로 인한 경우가 많다. 심리학적인 실험 결과는 그러한 좌절감의 주요 원인이 아이들의 훈련되지 않은 성품이라는 사실을 보여주고 있다. 그런데도 아이의 성품은 너무 쉽게 부차적인 것으로 밀리거나 중요하지 않은 것으로 무시당하게 된다. 그 외에 문제가 되는 것은 대부분의 부모들이 객관적인 필연성을 관철하려 할 때 꼭 거부하지 않아도 되는 경우가 있다는 것이다. 부모의 거부가 아이의 자존감을 상하게 하고 그에 대해 어린 인격체도 문제를 제기한다는 것을 의식하지 못하는 사실이다. 부모들은 어떤 언어와 어떤 어조로 아이에게 지시하는가에 관심을 가져야 한다. 이제 우리는 왜 많은 사람들이 아주 작은 실수에도 화를 내며, 대수롭지 않은 거절에도 공격적으로 반응하는지 이해할 수 있다. 분명히, 모든 것이 안 풀리는 날이 있으며, 벽에 붙은 파리 때문에 화가 날 때가 있다. 그러나 화를 내는 것은 불쾌한 상황이나 직업상 자주 나타나는 스트레스의 결과 때문만이 아니다. 우리가 "좌절감을 느끼는" 사람으로 묘사하는 사람 중 대부분은 어린 시절부터 많은 경우에 거절당했으며 잘 이해 받지 못한 사람이다. 이런 사람들의 내면의 압력밥솥은 뚜껑까지 압력이 가득 차 있어서 미미한 요인이 작용해도 갑자기 공격적인 감정 폭발로 이어지는 것이다.

그 지식은 공격적인 분노를 이해하는 데 매우 본질적인 의미를 갖는다. 인간은 불가피하게 해를 주는 충격에 대해 분노로 반응해야 좌절감으로 오는 긴장감을 해소할 수 있다는 견해가 나오고 있다. 맞는 말인가? 미국의 심리학자들은 분노를 다 드러내야 마음이 편안해진다고 문제를 다루었다.[3]

그러나 이 연구의 다양한 결과는 많은 모순을 드러내며, 보편 타당

---

3. 감정이 폭발되어 심기가 개운해진다는 것은 카타르시스학에서 다루고 있다.

한 이론을 끌어낼 만한 실험이 되지 못했다. 공격적인 분노 에너지의 발산이 긴장을 해소하는 효과를 가져온다는 데 대한 분명한 증거는 존재하지 않는다. 사실 공격적인 분노가 다 발산되지 않을 경우 시간이 지나면서 흥미 있는 일에 몰두하는 등, 공격성과 무관한 곳에 관심을 돌림으로써 더 빨리 분노가 사라질 수 있다. 그러나 화난 사람이 분노의 원인이 된 경험을 회상하면 본래의 긴장 상태로 되돌아갈 수도 있다. 많은 경우에 분노의 감정은 우리가 분노를 유감없이 폭발하도록 기회를 줄 때 더 심각하게 나타난다. 그러므로 이 연구의 결과는 최소한 분노를 다 폭발시키는 것이 분노를 다스리는 적합한 방법은 아니라는 것에 대해 말해 주고 있다. 그러나 분노를 밖으로 표현하는 것이 불편한 감정으로 삼켜버리는 것보다는 건강에 좋다고 본다.

불쾌한 감정은 항상 되풀이되는 불변한 것인가? 내적인 자유함을 누리기 위해서는 반드시 공격적인 방법으로 해결해야 하는가? 결코 그렇지 않다. 많은 방해요소나 자유를 억압당함으로 인해 좌절감이 나타난다고 보는 견해가 있다. 주관적으로 볼 때 그러나 좌절감을 겪는 사람이 감정의 평형을 잘 유지할 경우 분노를 나타내지 않을 수 있으며 정신적인 긴장을 불러일으키지 않을 수도 있다. 실제적으로 우리가 갈등을 해소하는 방법을 터득하면 실망도 긍정적인 반응을 불러일으킬 수 있음을 보았다. 아이가 좌절감에 대해 파괴적으로 반응하려 할 때 부모들은 그 원인을 알아내야 하며 화를 내거나 거절하는 등 아이를 좌절하게 만드는 요인을 제거해야 한다. 아이를 인정하고 격려해 주면 아이의 인격은 성숙하게 되고 일상생활에서 겪게 되는 좌절감을 여유 있게 받아들일 능력이 생기게 된다. 내면의 압력솥이 잠시 후 다시 고압에 다다르게 된다면 지금의 분노를 해결한들 무슨 소용이 있겠는가?

행동하는 것보다 말이 쉬운 것이라고 변명할 수도 있다. 그런 제안을 실천하는 것은 매우 어려운 것이다. 이미 아이와 부모의 관계가 경직되어 있다면 아이를 격려하는 것은 매우 어려운 것이다. 그러나 이러한 제안을 실제로 실천해 보는 가운데 우리는 점점 더 구체적으로 자녀를 이해하게 된다.

이제 결론을 내려보자. 매일 계속되는 좌절감은 분노의 가장 주된 원인이다. 상담을 통해 볼 때 눈에 띄게 공격적인 아이는 성장기나 현재 가정 내에서 심한 갈등을 겪고 있으며, 또 대부분의 부모들은 그 사실을 알지 못한다는 것이다. 물론 아이의 분노에는 단 한 가지 원인만이 작용하는 것은 아니다. 좌절감이 정말 공격적인 반응을 불러일으키는지, 그런 행동양식이 어떻게 형성되는지에 대해서는 종합적인 연구를 해야 할 것이다.

(2) 시범 - 모방

친구, 공격성을 가르치는 선생님

어떤 여자가 한 남자에게 거친 주먹질을 하며 그 남자를 바닥에 내던지기도 하고, 공중에 던지기도 하고, 나무 몽둥이로 머리를 때리기도 한다. 그뿐 아니라 욕설까지 해댄다. 이 폭행의 피해자는 실제 사람이 아니라 공기를 불어넣어 만든 플라스틱 광대인형이었다. 가해자는 분노의 기색이 전혀 없는 미국의 심리학자 앨버트 반두라(Albert Bandura)의 실험실 조교였다. 그는 십여 년 간 공격적인 행동이 관찰자에게 어떤 영향을 끼치는가에 대해 연구했다. 호기심이 많은 아이들의 눈은 이 독특한 연출을 주시하고 있었다. 조교가 인형을 갖고 분노를 한껏 표출한 후에, 관찰하던 3세~6세의 아이들은 놀이방으로 들어간다. 그곳에는 많은 놀이 기구가 있으며 가해를 당하던 광대인형도 있다. 그 다음에 아이들이 좋아하는 놀이기구 몇 가지를 빼앗음으로 인해 아이들을 화나게 만든다. 그리고는 20여 분 간 아이들을 자유롭게 놀게 하며, 노는 모습은 유리를 통해 관찰된다. 많은 아이들은 광대인형을 조교가 했던 것처럼 마구 다룬다. 남은 장난감도 더 거칠게 다루게 된다.

시범과 모방은 심리학에서 모델이나 관찰을 통해 배우는 방법으로 이론화되어 있다. 그러한 학습은 학습자로 하여금 훨씬 빠르게 새로운 행동양식에 적응하게 만든다. 언어나 글씨 쓰기, 자동차 운전과 같이 기계를 다루는 것을 배울 때 관찰하지 않고 지시만 듣고 배우는 것은 매우 어렵거나 불가능할 수 있다. 인간의 총체적인 발전은 이 학습원리에 결정적인 영향을 받는다. 유명인을 우상으로 삼아 열광하는 것과 자신이 좋아하는 사람의 특징을 모방하는 경향은 이 '모델을 통한 학습'의 강한 능력을 보여 준다. 특히 미취학 아동들은 강한 호기심으로 주위의 영향을 받으며 다른 사람들의 행동을 모방하기에 여념이 없으며 그들의 행동양식을 이어 받아 자신의 것으로 만든다. 그들의 모방의 대상은 인형이나 연극이나 친구나 형제 자매가 될 수 있다. 아이의 모방 놀이를 잘 관찰하면 우리는 매우 흥미 있는 결론을 내릴 수 있을 것이다.

　은주가 유치원에서 인형을 갖고 엄마 역부터 시작해서 아기 역까지 하면서 놀고 있다. 매일마다 일어나는 여러 가지 일들, 잠자리에 드는 일, 가정 생활의 모든 장면들이 그에 맞는 대사들이 곁들여진 채 연출되고 있다. 은주의 놀이에서 눈에 띄는 것은 인형의 엄마가 참을성이 없이 짜증을 낸다는 것이다. 인형 아기가 맘에 안 드는 행동을 하면 즉시 벌을 주고 때리는 것이었다. 얼마 후에 민희가 인형을 또 하나 갖고 와서 함께 놀려고 했다. 그러나 은주는 작은 복수의 화신같이 민희의 인형을 빼앗더니 성난 얼굴로 민희를 주먹으로 치는 것이었다. 은주는 민희가 자존심이 상한 채 그곳을 떠나자 안정을 되찾았다. 은주는 유치원에서 가장 공격성이 강한 아이였다. 선생님의 말에 의하면 은주는 유치원에 온 지 2년이 되는데도 다른 아이들과 함께 놀 줄 모르는 아이였다. 선생님뿐 아니라 친구들과 함께 사이좋게 노는 것이 무엇인지 늘 보는 은주였으나 모방이 되지 않으니, 이 경우에는 보고 배우는 것이 역작용을 일으키는 것인가? 결코 그렇지 않다. 12시가 되어 부모들이 아이들을 데리러 올 때 보면 우리는 은주의 성격과 행동양식을 결정한 요인에 대해 쉽게 파악하게 된다. 은주의 엄마는 아이를 보자마자 "애는 무슨 꼬락서니가 그러니? 빨리 손부터 씻어!"라고 사납고 거칠게 말하며 세면실로 밀어 넣는다. 그리고는 출구로 은주를 끌고 나간다. 은주가 화가 나서 발을 떼지 않으려 하고 엄마의 손을 뿌리치려 하다가 결국 바닥에 주저 앉으면 엄마는 따귀를 때림으로 딸과의 힘 다툼을 마무리한다. 은주는 울면서 자기 운명에 순응하며 엄마와 함께 집으로 돌아간다. 우리가 인형을 갖고 놀던 장소에서의 은주의 폭력을 생각할 때 우리는 유사한 점이 있음을 발견하게 된다. 은주의 난폭한 말투나 행동, 손찌검을 거침없이 하는 것은 엄마를 모방한 것이었다. 우리는 은주가 엄마의 총체적인 인격의 복사판인 것과 같은 인상을 받는다.

부모의 특징과 아이의 행동양식을 비교할 때 우리는 언제나 일치하는 것을 발견한다. 성인은 다만 힘이 더 있을 뿐이며 아이의 모델로 보일 뿐이다. 은주의 어머니는 상담시간에 이렇게 말한다. "우리 은주가 유치원에 가기 전에는 아주 다루기 쉬웠고 사랑스러웠습니다. 그런데 이제는 욕도 하고 집에서는 안 하던 버릇없는 짓을 합니다. 다른 아이들에게 다 배운 것 같습니다." 이 견해에 대해 어떻게 대답할 수 있겠는가? 물론 아이는 부모만 보고 배우는 것은 아니다. 형제, 자매, 친구, 선생님, 유모 등도 새로운 행동양식을 형성하는 데 다양한 자극을 준다. 우리는 유치원 교사들이 아이들에게 얼마나 큰 영향을 미치는지 안다. 그들의 안정감 있고 친절한 태도나 강한 성격이나 자부심 등 다양한 모습이 영향을 끼친다. 대부분의 아이들이 욕을 부모에게만 배우는 것이 아니라는 사실은 자명하다. 그럼에도 불구하고 아이가 보는 다양한 모범은 완전히 다른 비중을 갖는다. 아이가 어릴수록 부모의 영향은 커진다. 반두라의 실험에서 낯선 조교의 시범이 아이들로 하여금 몇 분 만에 새로운 행동양식을 갖게 했다면 우리는 가족이 함께 살 경우 얼마나 강한 모방 효과가 일어날지 결론을 내릴 수 있다. 일반적으로 부모들은 근면함이나 인내, 용기, 자아의식 등 긍정적인 특성이 자기 집안에 있다고 주장한다. 그에 반해 공격적인 행동은 악한 세상으로부터 전염되어 집안으로 들어온 평화의 방해자로 인정된다. 엄격하며 때리고 제재하는 양육방식이 아이들과 청소년들의 공격적이고 범죄 행위에 관련된다는 것을 우리가 인정함에도 불구하고 아무도 자신을 무정한 부모로 인정하고 싶어하지 않는다. 우리의 양육방식은 열려져 있으며 현대적이다. 우리는 한 가정이 아이의 공격성의 유일한 원인이 된다고 볼 수 없는 시대에 살고 있다. 그러므로 우리는 매스컴이나 환경이나 경제적 요인 등에 책임을 돌린다. 문제는 텔레비전이다. 그러면 텔레비전이 정말 전국에 영향력을 미치는 공격성의 학교가 되는 것인가?

텔레비전, 공격성의 강화제인가

반두라는 공격성을 보여 주는 텔레비전 프로그램과 영화에 대해 집중적으로 연구했다. 모방실험을 근거로 하여 그는 아이들의 공격성의 결정적인 원인은 영화 속의 폭력의 묘사에 있다는 확신이 있었다. 플라스틱 인형 실험은 아이들에게는 자연스럽게 시행되지 않았고 또 다른 실험방식으로 실행되었다. 두번째 실험 그룹은 인형을 사납게 다루는 영화를 보았다. 그 영화에서는 아이들에게 잘 알려진 만화 캐릭터인 고양이 복장을 한 모델이 등장했다. 실험의 결과는 그렇게 놀라운 것이 아니었다. 아이들은 실험현장뿐 아니라 영화화된 내용 또한 모방하는 것이었다. 그 실험결과는 영화가 아이들을 공격적으로 만든다는 데 대한 증거인가? 일단 그 결과는 그럴듯하다. 그러나 실험의 구성을 철저히 점검할 때 몇 가지 외혹이 나타난다.

1. 상영된 영화는 분명히 부자연스러운 것이었다. 이성이 있는 성인이 아무 근거 없이 긴 끈을 가지고 플라스틱 인형을 자기 맘대로 때렸다. 일상적인 것에서 완전히 벗어난 종류의 인위적인 영화는 아이들이 모방하도록 촉구하는 성향이 더 짙다고 볼 수 있다.

2. 실험적 상황은 평범한 교육에서 벗어나 있다. 보편적으로 아이의 버릇없는 행동이나 폭력적인 행동은 무의식중에서라도 용납되지 않는다. 그러나 반두라의 실험에서는 완전히 다른 현상이 나타난

다. 전체적인 실험의 단계에서 반두라의 조교가 함께하면서 아이들이 방을 떠나지 않도록 지키고 있었다. 아이들은 실험조교의 침묵과 수동적인 태도를 어른이 인형에게 마구 대했던 것처럼 해도 된다는 허가 내지는 간접적인 요구로 받아들였을 것이다.

3. 아이들의 모방에는 실제로 해롭게 하고자 하는 의도가 들어 있는가? 아이들에 대해 공격성을 논해도 되는가? 유감스럽게도 반두라는 실험에 참여한 아이들의 경험과 느낌에 대해 알아보지 않았다. 통계적으로 이해된 반응의 빈도만으로는 아이의 행동양식의 심리학적인 배경에 대해 논할 수 없다. 공격성으로 분류된 아이의 행동은 표면적인 모방에 지나지 않는다. 또한 아이의 충동을 나타낼 뿐이며 새로운 행동양식을 놀이처럼 시도해 보는 것일 수도 있다. 아이들이 자기 친구를 나무 망치로 때리는 행동을 한다는 것은 이해되지 않는 것이다.

반두라 외에도 미국의 수많은 학자들은 영화의 텔레비전 프로그램의 영향력을 연구하며 관객의 공격성이 어떻게 증가하는가를 연구했다. 그 연구를 잘 분석해 보면 그 연구는 너무 넓은 해석의 공간을 열어 놓거나 명백한 오류를 보여 준다. 예를 들어 장기간에 걸친 한 연구의 결과는 아이들이 텔레비전 보는 시간이 늘어날 때 유난히 잘 싸우는 아이가 되며, 화면을 통해 폭력을 배우지 않은 같은 또래 아이들보다 더 공격성을 띤다는 것이다. 이 결과에 대한 구체적인 증거자료는 없다. 다만 통계적인 종합 결과가 어떤 이유와 영향력이 있는지 말하고 있다. 텔레비전을 잘 보는 부모가 아이들을 방치함으로 인해 공격성이 강한 아이를 만들 수도 있지는 않은가? 따라서 공격성의 원인으로서 텔레비전 시청보다 부모에게 방치되고 보살핌을 받지 못한 데서 오는 아이들의 좌절감을 드는 것이 더 정확할 수도 있을 것이다. 그러나 공격성이 강한 아이가 폭력물을 볼 때 빨려 들어가는 것 같은 기분을 느끼며 환상의 차원에서 공격성을 발산시킬 수도 있을 것이다. 이 가능성은 다양한 학자들에 의해 연구되었으며 토론되고 있다. 공격적인 영화가 모방 본능을 자극하거나 관객을 야만인화 시키는 것이 아닌지, 또는 놀랄 만한 발산의 효과를 발휘하게 하는지 학문은 지금까지 이 문제들에 대해 확답을 주지 못하고 있다.

아무튼 텔레비전에 대한 불안함은 증가하고 있다. 텔레비전을 통해 방영된 범죄극이나 공포영화를 모방한 잔인한 범죄가 이 사회를 놀라게 하고 있다. 텔레비전이 무죄라고 말할 수는 없는 것이다. 영상 화면은 인간의 경험의 본질적인 부분들을 보여 주는 것이다. 텔레비전의 영화나 뉴스는 인간이 어떤 식으로 잔인할 수 있는지 가르쳐 주는 수단이 될 수도 있다. 그 영향력이 실제 폭력으로 재현되는지는 사건들을 통해 드러나며 수많은 환경적 요인과 한 개인이 어떻게 살아왔는가에 의해 결정적으로 좌우된다. 그러나 텔레비전 방송이 개개의 경우에 있어서 범죄행위의 최후의 자극이 된다는 것은 부인할 수 없다. 이러한 위험요소를 완전히 제거하자면 텔레비전이나 라디오나 신문의 모든 범죄 행위에 대한 묘사를 제거해야 된다는 결론이 나올 것이다. 또한 세계적인 문학작품들도 범죄를 전염시키는 역할을 하므로 규제위원회의 심사를 받아야 할 것이다. 유명한 작품 중에는 괴테의 「젊은 베르테르의 슬픔」을 들 수 있다. 그 작품이 발표된 1774년에는 자살이 줄을 이었다고 한다.

분명한 반론의 증거에도 불구하고 텔레비전이 폭력 범죄의 원흉이라는 의식은 사람들의 머리 속에 박혀 있다. 상담이나 부모들과의 대담에서는 언제나 폭력물과 문제아들에 대한 이야기가 언제나 함께 나오게 된다. 여기에서는 자신을 비판의 불꽃 속으로 던져 넣는 데 대해 두려워하는 부모들의 잠재의식이 여론 조성자의 이성보다 더 세게 작용하는 듯하다. 아이들에게 악한 성향은 없으며 외적인 영향이 아이들의 공격성에 영향을 미친다면 환경의 요소인 텔레비전은 속죄양이 되는 것이다. 그렇게 되면 교육상담가는 어려운 상황에 처하게 된다. 왜냐하면 부모들은 자녀에 대한 자신의 태도에 대해 반성할 필요를 느끼지 못하게 되며, 텔레비전을 범인으로 내세우는 확실한 학문적 명제에 의존하여 반론을 펼 수 있을 것이기 때문이다. 그래서 우리는 텔레비전의 공격성에 대한 영향력이 클 것이라는 명제를 비판하며 자세히 관찰하는 것이다. 결국 독자가 머리를 끄덕이며 우리의 말이 다 맞을 수도 있지만, 텔레비전의 폭력에 대한 묘사가 그렇게 심하지 않을 경우 공격성의 문제가 그렇게 심각하지 않을 것이라고 결론을 내린다면 아이의 공격성 형성에 대한 우리의 고찰은 설득력이 별로 없다고 보아야 할 것이다.

아이를 때림으로 성공적으로 갈등을 해결하는 방법을 전승해 준 많은 부모들이 텔레비전의 주먹 쓰는 장면에 대해 반대한다면 그것은 우스갯거리가 될 것이다. 물론 지나친 폭력 장면이 포함된 프로그램은 금지되어야 할 것이다. 그러나 손가락을 빠는 아이에게 교육학적 처방으로 손가락을 잘라 버린다면 그것은 결코 참된 안정을 위한 처방이라 할 수 없다.

그렇다고 오해할 필요는 없다. 우리의 입장은 텔레비전의 폭력성을 허락하는 것도 아니고 교육학적 가치를 부여하는 것도 아니다. 그와 반대로 텔레비전이 각 가정에 있게 된 후로 폭력물의 시청은 증가하게 되었고, 케이블과 위성, 비디오를 통해 드러나는 잔인하고 장면의 실제적인 묘사는 그 폐해에 대한 학문적인 증거가 없더라도 위험성이 있음을 알 수 있다. 하루 평균 3시간씩 텔레비전을 시청해도 아이들의 머리 속에는 이 세상의 모습이 적대적인 것으로 자리잡게 된다. 인간의 존엄성과 관용과 비폭력적인 갈등 해결은 뒷전으로 밀려나고 폭력을 사용하며 스스로가 법이 되어 선택을 좌우한다. 그 외에 살인, 대중학살, 심한 부상, 조각난 시체 등이 일상생활이 되어 버리는 것이다. 피가 낭자한 것과 공포의 광경은 몸서리칠 일도 아니고, 놀랄 만한 일도 아니며 거듭되는 지루한 일에 불과할 것이다. 이러한 습관화와 둔감해지는 효과는 공격적이거나 정서적으로 불안정한 사람에게 무제한적이고도 쉽게 영향을 미칠 수 있다. 아이들간의 싸움에서도 칼이나 쇠로 만든 고리, 총 같은 것은 자주 등장한다. 폭력에 대해 주저하는 마음은 사라지고 잔악성은 증가한다.

텔레비전을 좋아하는 아이에게 영향을 미치는 것은 방송의 내용과 무관하다. 많은 연구가의 연구결과는 텔레비전을 많이 보는 아이들은 공격성이 강하게 형성되어 나타날 수 있는 특징을 지니고 있다는 것을 보여 주는 데 일치한다. 그런 아이들은 어떤 일에 착수하는 능력이 떨어지며 상상력과 집중력과 노력하는 태도와 인내력이 약하다. 그런 아이들은 쉽게 지루해하며, 참을성이 없고 도발적인 성향이 있다. 게다가 그 아이들은 자기가 바라는 것이 즉각적으로 주어지며, 문제가 빨리 해결되기를 바라고 자기 고집을 꺾지 않는다. 그 아이들은 텔레비전을 많이 봄으로 인해 쉽게 화를 내며 좌절감을 잘 극복하지 못한다. 어떤 사람들은 그런 특징을 가진 아이들이 텔레비전을 좋아하며, 텔레비전을 좋아하는 것은 태도의 결과이지 원인이 아니라고 반론을 제기한다. 텔레비전이라는 전자 마약이 늘 옆에 있다는 사실과, 수동적이고 나태한 사람이 되게 하는 유혹과 강한 중독성은 늦어도 8세 이후의 아이에게는 공격성 형성에 막대한 영향을 주게 된다.

그러므로 부모들은 자녀에게 가능한 일찍 텔레비전에 대해 책임 있는 태도를 가질 것을 가르쳐야 한다. 부모들이 자녀와 함께 텔레비전 프로그램을 선택하며 함께 시청하는 것이 좋다. 또한 시청 후에 소감을 함께 나누는 것도 필요하다. 그러나 자신의 의견으로 결론을 내려서는 안 된다. 그러면 어린아이가 밀실 같기도 하고, 자기를 돌봐 주는 유모 같고 친구 같은 텔레비전을 매일 대하면서도 어떻게 텔레비전에 대해 적정한 거리를 유지할 수 있겠는가? 텔레비전 프로그램 책임자들에게 폭력을 가능한 한 줄일 것을 호소하고 요구하는 것은 정당한 것이다. 어쩔 수 없이 폭력 장면을 보아야 하는 상황을 방지하기 위한 최선의 방법은 텔레비전을 끄는 것이다. 텔레비전을 아이의 공격성에 대한 가장 중요한 이유로 몰아붙이는 대신 아이들의 직접적인 경험에 관심을 갖고 아이들과 어떻게 지내야 할 것인가에 대한 답을 찾아보는 것이 더 의미 있고 유용할 것이다. 우리는 부모들이 자기도 모르게 시범을 보인 결과를 아이들이 관찰하게 되고 그것이 내재화되어 공격적인 행동양식이 적당한 기회에 나타난다는 사실을 알아야 한다. 또한 그 행동의 결정적인 전제조건이 되는 것이 아이의 좌절감임을 잊어서는 안 될 것이다. 물론 아이들이 어떤 상황에서 얼마나 자주 공격적으로 행동하는지는 아이의 일탈된 행동이 어떤 결과를 가져오는지에 달려 있다. 이 중요한 학습의 과정에 대해 다음 장에서 다루게 될 것이다.

(3) 결과로부터 배우기

당신이 어떤 심리학 실험의 참여자라고 가정해 보라. 실험에 사용되는 기계에는 노랑, 빨강, 초록, 파란색 단추가 있으며 그 단추를 누

르면 각각 단추와 같은 색의 등이 켜지며 위쪽에는 자판기처럼 동전 구멍이 있다. 이 기계 아래쪽에는 선반 같은 것이 있는데 거기에서 50원짜리 동전 몇 개를 발견하게 된다. 당신은 그 기계를 마음대로 다뤄도 좋다는 허락을 받았다. 우선 당신은 이 기계에 대해 전적으로 신뢰하지 못하는 가운데, 약간의 호기심을 가진 채 의아해 하며, 또한 흥미를 가지고 접근한다. 당신의 게임에 대한 욕구는 서서히 자극된다. 당신은 여기 저기 단추를 눌러 본다. 아무 일도 일어나지 않는다. 이제 당신은 동전 하나를 구멍에 넣는다. 노란 불이 깜박이기 시작한다. 당신은 뭔가 새로운 일이 일어나고 있으므로 신이 난다. 당신은 다시 단추를 눌러 보며 그 기계를 조작해 본다. 아무 변화도 없다. 당신은 초조해져서 녹색 단추를 두 번 누른다. 그러자 즉시 맑은 종소리가 들리며 짤랑 소리와 함께 그 기계는 500원짜리 동전을 내뱉는다. 당신은 주저하지 않고 다시 시도한다. 동전을 넣고, 노란 불이 켜질 때까지 기다린 후 녹색 단추를 두 번 누른다. 그리고 이익을 계산해 본다. 얼마나 신나는 게임인가! 다른 색 단추 밑에는 얼마나 많은 돈이 당신을 기다리고 있겠는가? 당신은 노란 단추를 눌러보고는 100원을 얻는다. 파란 단추에서는 300원이 나온다. 빨간 단추에 가서는 당신의 기쁨은 한숨으로 바뀐다. 동전 떨어지는 소리가 나지 않는 것이다. 당신은 이제 그 기계에 대해 알았으므로 나머지 돈을 50원짜리로 바꾸고 녹색 단추를 계속 눌러 500원짜리를 계속 끄집어낸다. 실험실 조교는 당신의 수고에 감사하며 당신이 딴 돈을 주며 다음날 그 실험에 또 참여해 달라고 요청한다. 당신은 그 다음날 어떻게 할 것인가? 말할 필요가 없다. 당신은 녹색 단추를 계속 눌러대며 실험실 조교의 위장된 순진함을 우습게 생각하고 쉽게 얻은 돈을 즐길 것이다. 그것은 어린애들이나 하는 짓 아닌가? 그러나 단순히 그런 것만은 아니다. 이 실험은 심리학적인 규칙을 나타내 준다. 성공의 결과로 인해 새로운 행동양식은 학습되며 이미 입증된 행위는 더 자주 수행하게 된다는 것이다.

학습심리학의 선구자인 손다이크(Edward Thorndike), 스키너(Burrhus Skinner), 헐(Clark Hull)은 금세기 이후로 비슷한 종류의 수많은 시도의 결과를 점점 복잡해져 가는 형식으로 요약했다. 이 방법으로 그들은 학습 과정의 여러 가지 조건을 보여 주는 시도를 했다. 그것은 성공을 통한 학습법, 즉 강화 학습법, 조건반사 등으로 알려져 있다. 그러면 오색등이 붙은 기계를 조작하는 것과 공격성은 무슨 관계가 있는가? 그것은 단순하다. 공격적인 행위는 강화 학습을 통해 영향을 받을 것이다. 다음의 예가 그것을 보여 준다.

여름날 아침의 유치원이다. 어린아이들은 밖에서 놀며 즐기고 있다. 몇 명은 선생님을 둘러싸고 있으며 다른 아이들은 모래사장에서 놀고 있다. 또 몇몇 발랄한 아이들은 서로 잡으러 쫓아다니고 있다. 최소한 겉보기에는 매우 평화로운 전경이다. 그러나 몇 분만 더 잘 보면 긴장감, 즉 심리적 역동성이 숨어 있음을 볼 수 있다. 기어오르며 노는 능목 아래에 이상한 일이 벌어지고 있다. 한참 동안 여기 저기 뛰어 다니던 활동적인 여섯 살 정도의 남자아이가 시소를 타는 세 명의 아이들에게 다가온다. 그 아이는 시소를 타는 여자아이에게 다가가서 그 아이를 떨어뜨리려 한다. 그러나 그 남자아이는 나머지 두 명이 기사도가 있음을 계산하지 못했다. 두 명의 기사는 침입자를 주먹으로 때려서 도망가게 했다. 그 아이는 운동장을 몇 바퀴 돌더니 다시 능목에 가서 나무판을 붙잡고 기어오른다. 타잔처럼 소리를 지르며 자기 가슴을 북으로 삼아 마구 두드리고 있다. 그러다가 그 아이는 자기 발밑에 한 여자아이가 있음을 발견했다. 그 여자아이는 꽤 오랜 시간 동안 노래를 흥얼거리며 플라스틱 양동이에 모래를 넣어 나르며 놀고 있었다. 남자아이는 밑으로 몸을 기울여 여자아이의 양동이를 빼앗고 그 안에 들어있던 모래를 여자아이 머리 위쪽에 있는 나무판에 쏟아부어서 모래가 머리 위에 떨어지게 했다. 그 여자아이는 울기 시작했으나 놀이터의 무법자가 빈 양동이를 다시 돌려주자 다시 자기 놀이에 집중하기 시작했다. 그 남자아이는 한 건의 성공에 만족하지 않고 잡기 놀이를 하는 다른 남자아이에게 가서 주먹으로 쳤다. 이번에는 잘못 짚었다. 두세 대 얻어맞고는 줄행랑을 쳐야 했다. 그 아이는 다시 모래사장에서 노는 여자아이에게 다시 가서 플라스틱 양동이를 또 빼앗으려 한다. 여자아이가 울기 시작하는 것을 보니 다시 건수를 올린 것이다. 이제 연이어 여자아이에게 세번째 공격을 시도하려할 때 선생님이 알아차리고 꾸중을 하고는 선생님 곁에 있는 나무 테이블에 앉혔다.

　이 유치원의 광경은 오색등 계기 실험에서 작용한 같은 학습방법이 분명하게 나타나고 있다. 그 여섯 살짜리 남자아이도 여러 가지 단추를 시도해 본 결과 두 번은 주먹으로 얻어맞는 결과를 얻었다. 녹색 단추는 플라스틱 양동이를 갖고 놀던 여자 아이였다. 그 아이에 대해서는 승리자로 느낄 수 있었으며 여자아이의 울음소리로 인해 자신의 힘과 우월감을 확인할 수 있었다. 남자아이가 그 승리감에 격려를 받아 공격을 다시 시도하게 된 것은 이상한 일이 아니다. 그러나 그 아이가 오색등 기계를 다시 갖고 놀 수 없도록, 유치원 교사는 공격을 멈추게 했다. 그것은 매우 잘한 일이라 볼 수 있기는 하지만 다시 일어날 수 있는 일이다. 그러나 행동과 반응의 새로운 조합인 삶의 실험실에서 교차하는 장면들은 분명하지 않으며, 또 심리학 실험이 보여 주듯이 관찰의 범위를 벗어날 수도 있는 것이다.

인간의 관계는 실패의 신호나 다양한 종류의 공격적인 행동양식과 성공의 양식을 끊임없이 시험해 보는 가운데 이루어지는 매우 복잡한 변화이다. 그 안에서 인간은 공격적인 행위의 숨겨진 강화제를 발견하기 위해 바로 범죄의 육감을 사용한다. 위의 남자아이의 예에서는 공격성의 전형적인 특징이 나타난다. 공격이 원하던 성공을 가져오면 그 공격은 더 강화된다. 반복할수록 명중률은 높아진다. 물론 성공적인 결과나 실패의 결과는 객관적으로 결론을 내리기가 쉽지 않다. 그것들은 다년간에 걸친 복잡한 학습경험에 의한 것이며 한 인간의 개인적인 필요와 감각에 달려 있다. 그러므로 우리는 공격적인 행동을 야기하고, 강화시키고, 유지시키며 또 제거하는 조건들을 더 자세히 조사해야 할 것이다.

강화제

우리는 어린아이들에게 있어서 항상 특정한 공격성의 모습을 발견하게 된다. 대부분 손찌검과 함께 장난감을 빼앗거나 훔치는 것이다. 이 탐욕은 아이 세계에서만 일어나는 것이 아니라 성인의 일상생활에서도 일어나는 형태이다. 절도나 속임수나 강탈은 항상 행동으로 옮겨질 것이다. 공격자체가 목적이 아니라 보상을 얻어내기 위해 공격을 수단으로 삼는 것을 심리학에서는 도구적인 공격(Instrumentally

Aggression)이라고 한다. 어린아이가 친구의 인형을 빼앗거나, 열세 살 된 아이가 엄마 지갑에서 돈을 몰래 가져가거나, 은행강도가 은행을 터는 일은 물질을 얻는 일과 연관된 공격적인 행위이다. 그것은 오색등 기계 실험에서 동전을 더 얻은 것이 강화제가 된 것과 마찬가지이다.

도구적인 공격은 우선적으로 이익을 얻고자 하는 동기로 시작되고 강화되며, 좌절감과는 무관한 것으로 드러난다. 그러나 우리는 개인적인 이익과 소유의 필요성에는 깊은 동기가 숨어 있음을 간과해서는 안 된다. 자신의 인격이 다른 사람과 비교될 때 보다 더 강하고 능력 있는 사람으로 평가되기를 기대한다. 투쟁해서 얻은 것은 자신의 내면의 강인함과 성취력의 상징이 되는 것이다.

물질 획득으로 인해 겉보기에는 만족을 얻은 듯한 상황은 삶의 여러 영역에서 관찰된다. 아이들이 장난감을 갖고 싸운다면, 승리한 아이는 자기가 정말 원하는 것을 드러내게 된다. 다른 사람 위에 올라서게 되는 승리는 본래적인 강화제이며 물질적인 착취가 강화제는 아니다. 이와 비슷한 반응을 병적인 도벽성을 지닌 모든 사람에게서 볼 수 있다. 그런 사람들은 자신에게 전혀 필요하지 않은 물건을 훔치다가 잡히기도 한다. 치밀하게 계획된 도난이나 강도 사건들의 배후에는 탐욕이라는 동기보다 더 큰 비중을 차지하는 경우도 많다. 그것은 인정을 받지 못한 사람들이 불완전하게라도 보상을 받길 원하기 때문이다. 그러므로 다음과 같은 결론이 나타난다. 한 인간이 성장기에 좌절감을 덜 느끼고, 덜 거부당하며 살수록 만족하며 자의식을 느끼며 공격적이거나 사회적 범죄를 통해 물질로 보상받으려 하는 충동을 느끼지 않는다는 것이다.

이러한 이론은 많은 부모들이 아이들의 갈등에 되도록 빨리 개입하

여 공격성과 관련된 결과를 피해야 하지 않을까 하는 생각을 하게 한
다. 그렇게 하지 않으면 아이들이 훗날 그릇된 길로 갈 것 같은 불안감
마저 든다. 그러나 이러한 걱정은 기우이다. 공격적인 모래사장 놀이
와 장난감을 서로 빼앗는 놀이, 맞붙어 싸우고 욕하는 것이 범죄행위
의 전조로 오해되어서는 안 된다. 오히려 그와 반대이다. 그런 경험은
미취학 아이들이 내 것과 남의 것을 구별하는 법을 배우는 계기가 된
다. 또 다른 한편으로는 같은 연령층에서 일어나는 싸움은 자아의식
과 장애물을 관철하는 의지를 훈련하며 놀이와 운동 기능을 훈련하는
계기가 된다. 물론 간혹 거친 아이가 친구를 다치게 하는 일도 있음을
부인할 수는 없다. 1장에서 언급한 바와 같이 놀이로 하는 것인지 의
도적으로 해를 가하는 것인지 그 의도를 구별하는 것은 쉽지 않다.

공격적 행위의 강화제는 이와 관련되어 언급되어야 한다. 다른 사
람에게 육체적, 정신적 해를 가하고 얻는 보상심리, 즉 해를 가하고 얻
는 기쁨(사디스트적인 만족이라고도 할 수 있겠다)은 희생자가 화를
내거나 고통을 호소할 때 더 자극된다. 여기에서 만족스러운 복수 외
에 실패로 끝난 복수에서도 어렵지 않게 결론지을 수 있듯이 자신의
힘과 꾀로 직접 경험하는 것은 중요한 역할을 한다. 복수하기 위해 남
을 때린다고 항상 죄인이 되는 것은 아니다. 어른들과 마찬가지로 아
이들도 자신의 화를 표출할 대상으로 더 연약한 사람을 희생자로 삼
는다. 놀이방에서나 놀이터, 일터에서 공통적으로 나타나는 현상은,
억울한 일을 당한 사람은 아래 사람에게 그 억울함을 풀어 버린다는
것이다. 그렇다고 해서 언제나 싸움을 거는 아이들이 항상 그 부모들
로 인해 좌절감을 느낀다는 것은 아니다. 물론 어른들은 자신들의 행
동이 해를 가한다는 사실과 그로 인해 공격성의 사슬이 이어진다는
것을 알지 못한다. 인간의 공격성에는 많은 경우에 복수하고자 하는

마음이 분명히 숨어 있다. 부모들이 아이들이 잘못하지 않았는데도 은근히 수긍해 주지 않아 아이에게 좌절감을 느끼게 하는 경우에 아이들은 복수심을 교묘하게 위장한다. 공격성을 형성하고 강화하는 학습과정은 저절로 되는 것이 아니라 일상생활에서 경험하는 수많은 좌절감으로 인한 것이다.

“나는 강자이며 힘이 세고, 가치 있는 사람이다.” 이러한 자아관은 물질적인 유익이나 특권층에 의한 이익에 관련하여 스스로 보증함으로 되는 것만은 아니다. 타인으로부터 얻는 인정과 존경 또한 자존감을 높여 주며 공격성을 직접적으로 강화하는 작용을 할 수 있다. 수많은 심리학적인 실험은 육체적인 공격과 적대적인 말투는 인정받고 보상받게 되면 더 심해진다는 것을 보여 주었다. 그에 대해서 우리는 아이들의 공격적인 행동을 기뻐하며 인정해 주고 보상해 주는 부모가 있는지 반론을 제기할 수 있을 것이다. 이 반론은 지당한 것처럼 들린다. 그러나 많은 부모들이 짓궂은 친구들에 대해 방어할 것을 가르치고, 맞으면 반격할 것을 격려하는 것은 물론, 가족 내에서도 아이의 공격성이 매우 강화되고 있다. 물론 공격성을 보일 때 그것을 직접적으로 칭찬하거나 상을 주는 것은 아니다. 그러나 부모들이 자녀의 공격적인 성향에 항복하고 그들을 괴롭히는 자녀의 소원을 들어 줌으로 간접적으로 인정하는 것이 되는 것이다. 그렇게 때에 따라 다른 교육 방식을 사용함으로 일관성 없는 행동으로 아이를 대할 때 아이들은 자기가 장시간 짜증을 내거나 떼를 쓰면 부모가 항복한다는 것을 터득하게 된다.[4] 그러나 부모들은 자기는 “대부분의 경우” 일관성 있게

------

4. 어머니가 “안 된다”고 한 것을 아버지가 뒤엎는 경우는 거의 없다. 오히려 그 반대이다. 할머니 할아버지가 한 집에 살 경우에 아이들은 어른들을 어르기 위해 칭얼거리고 조르는 방법을 사용함으로 목적에 쉽게 달성한다.

대한다고 말하고 있다. "대부분의 경우"라는 말에 문제가 있는 것이다. 심리학적 연구에 의하면 어른들이 때때로 항복하는 것은 아이의 공격적인 태도를 특히 강화시키는 불규칙적인 성공의 경험이 된다는 것이다. 다시 한번 오색등 기구를 생각해 보자. 당신도 녹색단추를 세번째나 네번째나 다섯번째 눌러서 연속 500원짜리 동전을 얻었다면 계속적으로 누르지 않겠는가? 오락실에서 동전을 넣고 하는 오락기구 주위에는 불규칙한 강화의 원리에 의해 사람들이 떠나지 않는 것이다. 가능한 한 일관성 있는 교육 방법은 아이의 공격성을 약화시키기 위한 중요한 전제이다.

물론 일관성 하나만으로는 오랫동안 효과가 유지되지 않는다. 부모들이 어떤 방법으로 아이들을 대하는가가 중요하다. 부모들이 아이들의 공격성을 꺾기 위해 완고히 거부하거나 벌을 줄 경우 역효과를 내기 쉽다. 아이들은 항상 그런 것을 참아 내지 못한다.

이러한 모순은 어떻게 설명되는가? 다섯 살 된 유미의 예를 보면 잘 알 수 있다. 유미는 엄마가 빨리 자라고 하지만 이유를 바꾸어가며 다시금 거실에 나타나곤 한다. "나, 목마르다니까!" 결국 유미는 화를 내며 바닥을 구르고 거실 문을 발로 차 버린다. "지금 안 자면 가만 놔두지 않을 거야!" 엄마는 위협한다. 유미의 반항은 학습심리학을 한 단어로 요약해 주는 것 같다. "나를 때리면 당장 잠자러 갈 수는 있지!"

엄마가 아무 반응을 보이지 않는 것보다 매라도 맞는 것이 낫다는 것이다. 이 미심쩍은 성공은 아이의 공격성을 강화시키는 가장 집요한 방법이다. 가정뿐 아니라 유치원과 학교에서도 어떤 아이들은 공격성을 사용하여 또래들의 주목을 끌려한다. 즉, 어른들의 비난을 감수하고 또래들의 인정을 얻으려 하는 것이다. 친구들이 웃음으로 동의를 표하거나 동경하는 눈빛을 보낼 때 그것은 강화제 역할을 하며,

그런 행동을 그만하게 하기는 매우 어렵다. 악동은 많은 선생님들에게 좌절감을 안겨 주지만 아이들의 동경의 대상이 되고 우쭐해지는 것이다.

실제로 그렇게 약아빠진 식의 공격은 가장 어려운 교육 과제이다. 교육학자들과 심리학자 사이에서도 계속적으로 싸우는 아이들에 대해 어떻게 예방조치를 취할 것인가에 대해 의견이 분분하다. 실제로 공격성을 지닌 아이들을 대할 때 "못 본 체 하라"는 제안도 있다. 그러나 아이가 그러한 반응을 자신의 공격에 대한 동의로 해석하거나 간접적인 거절로 해석하여 공격성을 높이는 좌절감을 경험하게 되는 경우에 그런 제안은 역효과를 나타낼 수 있다. 아이의 경우마다 각각 개인적인 이유에 따라 공격성이 형성되므로 일반적인 제안이 모든 개개의 경우에 분명히 맞아 들어가지는 않는다. 그러므로 우리는 공격성을 압도하는 방법을 구체적으로 보여 주기 위해 교육 현장에서의 전형적인 갈등 상황을 연구해 볼 것이다.

공격적인 아이들을 다루는 것이 이제는 어렵지 않다는 것을 한 어머니가 말했다. "우리 애가 자기 누나를 때리고 욕을 하면 즉시 때려 주거나 텔레비전을 보지 못하게 했어요. 우리 애는 자신의 행동의 한계를 알게 된 거죠. 이제 우리 애는 더이상 문제도 일으키지 않고 다른 아이들과 잘 놀아요." 공격성을 막기 위해 벌을 주어야 하는가? 표면상으로는 성공적인 방법으로 보인다. 한차례 벌을 받은 후에 대부분의 아이들은 한 번 정도는 사랑스럽게 변한다. 그러나 그런 성공의 결과는 지속되는가? 혹시 의도하지 않았던 부작용이 나타나지는 않는가? 이러한 문제는 다음 장에서 다루겠다.

벌이 공격성을 제어하는가

잠시 여덟 살 된 정호가 받은 교육이 성품이 온화한 아이를 만들 수 있는지 생각해 보자. 정호는 방에서 집짓기 놀이에 열중하고 있고 여동생은 인형을 갖고 놀고 있다. 거기까지는 아무 문제가 없다. 그러나 갑자기 여동생이 오빠에게 다가가더니 아무 말 없이 집짓기 블록을 빼앗는다. 정호는 즉시 집짓기 블록을 다시 빼앗는다. 그러자 여동생은 위협을 느끼고 블록을 떨어뜨리고 자지러지게 소리를 지르기 시작한다. 그 소리에 엄마는 또 어떤 일이 일어났을지 상상하며 현장으로 달려오게 된다. 비명을 지르는 작은 딸아이를 보자 엄마는 격분한다. 정호는 엄마에게 한 대 맞고 동생을 결코 편안하게 놓아두지 않는 범인으로 몰린다.

엄마에게 당한 정호는 억울하게 느끼지만 외관상 공의로운 것으로 보이는 사건들은 매일 반복되고 있다. 누가 정호의 마음에 여동생과 어머니에 대한 분노가 있다는 사실을 의심하겠는가?

그 다음날 정호는 학교에서 돌아와서 외투와 가방을 바닥에 집어던지고는 놀이방에 들어가서 노는 데 집중하고 있다. 엄마는 "네 짐 좀 치우지 못하겠니?"라고 소리지르며 정호를 환상의 세계에서 끄집어내고 있다. 정호는 양미간을 잔뜩 찌푸리고 갑자기 자신도 모르게 "엄마가 치워요!"라는 말을 해버린다. 이 파렴치한 행동에 대한 벌은 곧장 이틀 간 텔레비전을 못보는 것이다.

위협이나 거센 말투, 금지, 매질로 대부분의 부모들은 아이들의 공격성을 제거하려 한다. 그러나 그러한 방법은 여러 가지 이유로 성공하지 못한다.

1. 부모의 제재는 아이에게는 좌절감을 의미한다. 이미 자세히 묘사

한 것처럼 위와 같은 부정적인 경험은 아이의 공격성 형성에 절대적인 역할을 한다. 결과적으로 아이는 온화한 성품을 갖지 못하고 더 심한 공격성을 나타내게 된다. 정호의 경우 엄마에게 맞은 것은, 엄마는 이미 오래 전에 잊어버렸겠지만, 그에게 좌절감을 준 사건인 것이다. 또 텔레비전을 보지 못하게 하는 것은 그의 좌절감이라는 압력밥솥에 또 다른 압력을 가하는 것이다. 그러므로 우리는 그 다음에 무슨 일이 일어날지 짐작할 수 있다. 정호가 다시 여동생에게 맺힌 분을 발하게 되는 것이다. 다시금 엄마가 개입해서 '못된 아이'에게 이성을 찾도록 한다. 많은 경우에 가정에서 아이들간에 일어나는 일은 "눈에는 눈으로"라는 식으로 진행된다. 정신이 제대로 된 사람이라면 불을 끄기 위해 휘발유를 붓지 않을 것이다. 그러나 사실 여기에 묘사된 잘못된 교육 방법은 공격성이라는 불에 휘발유를 붓는 것과 마찬가지이다.

2. **보편적으로 손찌검을 하는 것은 공격적인 것이다.** 부모들은 아이들이 모방하는 모델이다. 우리는 앞서 살펴본 유치원의 한 장면에서 한 여자아이가 인형을 다룰 때나 친구들과 지내는 태도가 결국 그 아이의 가정에서 간접적으로 교육된 것임을 보았다. 다른 아이들과 때리고 싸우는 아이들은 부모들로부터 배운 경우가 대부분이다. 일상생활에서 때리는 것을 본 아이는 그대로 하게 된다. 벌을 받은 결과로 공격성이 표출되는 것은 벌받은 즉시 나타나는 것이 아니므로, 어른들은 자기가 준 벌이 아이들을 공격적으로 만든다는 사실을 대부분 알아채지 못한다. 야단을 맞으면서도 부모를 때리려 하거나 발로 차는 충동적인 아이들이 많지 않은 것은 벌로 인한 아이의 공격성이 훗날에야 나타나기 때문이다. 우선적으로 아이들의 공격성은 위에서 압력을 가함으로 일단 막을 수 있다. 그러므로 이렇게 그릇된 공격적인 교육의 수단이 선호되는 것이다.

3. *벌은 공격성을 억압하는 도구가 된다.* 억압당한 아이들은 대부분 문제를 일으킨다고 볼 수 있다. 그들은 특정한 경우와 사람에 대해서는 온 힘을 다해 공격성을 드러낸다. 부모가 집에서 아이의 행동에 반대 의사를 표하면 아이는 어느 정도 그 의사를 받아들이는 듯하다. 그러나 놀이터나 유치원이나 학교에서 그 아이는 다른 아이들에게 위협적인 존재가 된다. 그렇게 공격성을 억압해 놓는 것은 다른 사람에게 표출되는 것이다. 벌주기를 좋아하는 선생님은 자기 반을 손아귀에 쥐고 있다. 그러나 그 반을 다른 너그러운 선생님에게 다루게 하면 아이들은 책상이고 의자고 올라가서 난리를 피운다. 또 공격성이 억압된 아이들은 다른 아이들에게 공격성을 발산한다. 한 사람이 더 강한 사람을 만나서 참패를 당하면 더 약한 사람에게 화풀이를 하는 것과 같은 이치다.

4. *벌을 자주 주는 것은 아이들의 공격성을 제어하는 좋은 장치가 되기도 한다.* 엄격하고 강한 훈련을 받고 자랐으면서도 공격성의 성향을 전혀 보이지 않는 아이들이 있다. 그들은 잠잠하고 평온함을 보이며, 다른 아이들과 잘 어울리며, 매우 조심스럽고, 수줍어하는 인상을 주기까지 한다. 결과만을 볼 때 벌은 매우 성공적인 방법이다. 그러나 그런 결과를 얻기 위해 어떤 대가를 치렀는지 생각해 보아야 한다. 예민한 아이들은 자신의 좌절감을 표출할 정신적인 역동성이 부족하다. 게다가 그들이 억압받는 분위기에서 자란다면 그들은 운명에 잘 적응하여 공격성을 숨기고 분노가 쌓이게 되며 우울증에 빠지는 경우도 있다.[5] 그들은 환상의 세계에서만 공격적인 영웅이 되어 태권도나 권총이나 다른 무기로 자기의 적을 때려눕히는 꿈을 꾼다. 그렇지만

---

5. 우울증은 공격성이 내면에 쌓인 것으로 이해된다.

그런 식으로 억압된 인격이 그들 내면에서 이루지 못한 바람을 포기하지 않고 공격적으로 표현될지, 심할 경우에는 무작위 살인과 같은 정신착란까지 일어날 수 있을지에 대해서는 결코 알 수 없는 것이다.

그러므로 우리는 벌을 잘 주고 엄격하게 교육하는 것이 공격성에 대한 의미 있는 제어장치가 아님을 알게 되었다. 그러면 우리는 우리의 자녀들이 공격적으로 행동할 때 그저 지켜보기만 해야 하는가? 당신은 우리가 벌을 주지 않고 아이를 교육할 수 있다고 생각하는가? 학부모들이 모이면 나오는 주제는 악동 같은 자녀들 앞에서 부모들이 얼마나 무력한가 하는 것이다. 물론 아이들의 탈선에 대해 부모들의 반응이 없어서는 안 된다. 실제적으로 부모와 자녀들 사이에 일어나는 작은 전쟁에는 공격적이지 않은 방법이 사용된다. 우리는 거기서 아이의 공격성에 대해 충동적이고 생각 없는 반응을 보이지 말고 그것을 총체적인 가정생활의 구성요소로 보는 법을 배워야 한다. 아이들의 공격성이 불가피하다는 사실을 알아야 한다. 더 중요한 것은 공격성이 어떻게 형성되는가에 대해 언급한 내용을 마음에 두어야 한다는 것이다. 우리가 아이의 문제의 뿌리를 근절하려는 시도를 한다면 평화적인 상호관계를 위한 노력으로 인한 지속적인 성공을 볼 수 있을 것이다.

공격성과 불안

노는 시간이 되었다. 학생들은 운동장 여기저기 삼삼오오 모여 서서 대화를 나누기도 하고, 책을 들여다보기도 하고, 하는 일 없이 서성거리기도 한다. 만화책을 읽고 있던 아홉 살 된 한 아이는 갑자기 자신의 흥미진진한 만화 읽기를 멈추게 된다. 먹다 남은 사과를 누군가가 얼굴에 던진 것이다. 범인의 심술궂은 웃음소리는 그저 넘겨버릴 수 없는 것이며 복수를 하고야 말겠다는 생각을 하게 만든다. 사과를 맞은 아이는 주먹을 불끈 쥐고 연약해 보이는 여덟 살 된 도전자를 향해 다가간다. 그러나 조금 후에 이상한 일이 벌어진다.

나이가 더 많고 강한 아이가 자신의 도전자에게서 물러난 것이다. 그 이유는 정확하게 설명할 수 없다. 아마도 선생님이 나타나셨을지도 모르겠다. 어른이 개입할지 모른다는 두려움이 원수 갚는 일을 미루게 한 것이다. 앞 장면에서 묘사된 벌에 대한 직접적인 두려움만이 공격성을 주저하게 만드는 효과를 갖는 것은 아니다. 화가 난 아이는 복수심을 드러내지 않고도 화를 풀 수 있다는 사실을 생각할 수 있을 것이다. 내부에서 들리는 목소리는 "연약한 아이를 때리는 것은 공평하지 않아!"라고 말할지도 모르겠다. "그런 하찮은 일 때문에 때리려 하지 않다니"라고 말할 수도 있다. 인간은 발전 과정에서 완벽한 가치관을 형성하게 되며, 그 가치관으로 자신의 행동을 조절하게 된다. 미취학 아동기에도 부모나 선생님 등 벌을 주는 사람이 존재하지 않아도 아이는 내면에 질서를 어기려는 행동을 제어하는 능력이 있다. 양심이나 초자아는 일반적으로 인정된 도덕적 가치를 지키게 하고 인간이 충동적으로 행동하는 것을 방지한다. 인간은 화날 때마다 폭력을 사용하며, 법을 피해갈 기회만을 노리며 살 수는 없는 것이다. 벌에 대한 두려움보다는 내적인 가치체계가 한 인간이 자신의 좌절감을 인격적인 방법으로 조절하며 공격성을 절제하는 데 많은 영향을 끼친다. 무엇보다 엄한 교육을 받지 못한 경우에도 '양심의 소리'가 준엄하게 작용하게 되므로, 아이들은 부모들이 금했던 것을 조금만 어겨도 죄의식을 갖는다. 이러한 사실들은 공격적인 행동을 주저하게 되는 일이 왜 일어나며, 외적인 벌이 주어지지 않는 상황에서도 왜 내적인 갈등을 하는지 설명해 준다.

두려움은 공격적인 충동의 제어장치로 작용하는 것이 아니라 촉매제로도 작용한다. 어떤 사람이 위협을 느끼거나 공격을 받을 경우 반드시 도망치기만 하는 것은 아니다. 방어하는 경우도 있다. 방어하는 방법으로서, 두려움이 변호와 방어를 넘어서는 공격성의 발산을 야기할 수도 있는 것이다. 예를 들면, 평화를 추구하는 사람도 공격성을 발휘하여 복수의 신이 되기도 한다.

공격성과 분노는 불가분의 관계이며 인간의 내면에 함께 긴밀한 관계로 존재하고 있고, 서로의 존재에 대해 전제조건이 된다. 심리 검사에서 우리는 부모나 자녀들이 분노가 있을 때 동시에 억압된 공격성을 감추고 있는 경우를 흔하게 볼 수 있다. 반대로 공격적인 사람은 그 내면에 분노를 지니고 있음을 볼 수 있다. 이러한 상황은 자존감이 낮은 데서 온다고 말할 수 있다. 자의식이 강하지 않은 사람이 분노나 공격성을 더 나타낸다고는 말할 수 없고, 한편으로는 그들의 성격이나 육체적, 정신적 강함으로 인한 것일 수도 있다. 다른 한편으로는 성장 과정에 있어서 수많은 좌절감을 경험한 결과에서 온다고 볼 수 있다. 결국 공격성은 알 수 없는 이유와 우연에 의한 것이 아님을 알 수 있다. 좋은 가정에서 착하고 사랑스럽게 자란 아이들이 범죄 청소년의 무리에 합류하게 되면 위에서 말한 결론과 맞지 않는 일이 일어나는 데 대해 당황하게 된다. 심리학적으로 볼 때 어떤 것도 극적으로 일어날 수는 없다. 권위적인 교육에 눌려 성장한 결과 자기 주장이 약하지만 잠재된 분노가 있는 아이가 공격성을 주저없이 표출하는 동료를 우연히 만나게 된다면 갑자기 자신을 강하고 의미 있게 느끼며 자신의 좌절감을 맘껏 표출하는 전환점을 맞게 된다. 그의 적개심이 잔인한 공격성으로 나타나도 그의 인격이 변질되거나 병적으로 된 것을 의미하지는 않으며, 친근한 환경이나 같은 생각을 지닌 친구들에 의한 심리적 압박에 의해 나타날 수 있는 매우 인간적인 반응이라고 볼 수 있다. 그렇게 본다면 지나치게 비관적인 시각인가? 다음의 실험이 그에 대해 생각해 보게 한다.

당신은 벌이 기억력이나 학습의 효과에 어떤 영향을 미치는지 연구하는 한 저명한 심리학 단체의 실험에 의해 초대되었다. 흰색 가운을 입은 실험관은 당신을 실험실로 안내한다. 여기서 먼저 당신은 제비를 뽑아 당신이 어떻게 교사의 역할을 해야 하는지 지시를 받는다. 실험에 참가한 다른 사람은 옆방에서 단어들을 외워야 한다. 물론 그 교실은 일반 교실과 다르다. 학생이 앉는 의자는 전기 고문 받는 의자와 같고 학생은 그 의자에 묶여 있으며 팔뚝에는 금속장치를 매고 있다. 당신이 할 일은 학생이 틀릴 때마다 전기 충격을 주어 학습을 감독하고 증진시키는 것이다. 그 목적을 위해 전기 실험장치는 15V(미미한 충격)에서 450V(위험한 충격)까지 전기 충격을 줄 수 있도록 고안된 것이었다. 실험은 학생이 잘못할 때마다 전기 충격의 강도를 조금씩 높여 가는 방법으로 진행되었다.

당신은 학생이 처음에 다섯 번 틀렸기 때문에 충격의 정도를 75V까지 높였다. 걱정이 된 당신은 실험관에게 학생이 아프지 않을지 질문한다. 가운을 입은 실험관은 당신의 의무는 실험을 계속하는 것뿐임을 강조한다. 당신은 전기 충격의 강도를 점점 더 높여 간다. 벽을 통해 학생이 전기 충격에 놀라 소리지르는 것이 들린다. 깜짝 놀라 기계를 보니 135V였다. 당신은 이러다가 큰일이 벌어질 것 같은 불길한 생각이 든다. 그러나 실험관은 당신에게 계속할 것을 가차없이 요구한다. 다음의 틀린 답에 대해서 이번에는 150V로, 다음에는 165V로 충격을 준다. 불쌍한 학생은 신음하며 비명을 지른다. 그러나 실험관은 냉정하게 명령한다. "당신은 실험을 계속해야 합니다." 당신은 계속 충격을 준다. 마침내 충격의 정도는 450V까지 다다르게 된다. 학생의 고통의 절규는 이제 신음 소리로 변했다. 그리고는 죽음의 적막이 찾아왔다. 당신은 이마의 구슬땀을 닦고 실험관을 어이없다는 듯이 쳐다본다.

공포의 장면이었다. 악몽과 같았다. 그러나 당신은 미국 심리학자 스탠리 밀그램(Stanley Milgram)이 1963년에 최초로 실험에 성공하여 반향을 일으킨 사회심리학의 장중한 실험을 본 것이다. 당신은 첫번이나 두번째 전기 충격에 무시무시한 실험을 그만두거나 그런 실험에 아예 발을 들여놓지 않았을 것이라고 생각할 것이다. 여기서 마지막 고통까지 잘 견디는 사람은 잔인한 사디스트이다. 그러나 그 실험의 결과는 굉장한 것이었다. 이 실험에 참가한 사람의 65퍼센트는 마지막 단계까지 눌렀다. 그들은 여러 종류의 직업을 가진 선량한 시민들이었다. 그들 중 많은 사람들은 인간에게 가해를 했던 경험이 있는 것으로 보인다. 몇몇 사람은 학생이 죽을까 염려했다. 당신은 그들이 미국 사람들이라 그런 결과가 나왔다고 생각할지도 모른다. 그런데 독일에서는 더 놀라운 결과가 나왔다. 뮌헨의 막스 플랑크(Max-Planck) 실험실에서 그 실험이 시행되었는데 실험 참가자의 85퍼센트가 마지막 순간까지 거침없이 고문을 할 수 있었다. 그러나 사실 고문을 받는 학생 역은 심리학자들과 함께 일하는 사람들로서 그들의 고통은 연극이었다. 그 사실은 실험 후에 알려졌다.

우리 대부분이 특정한 상황에서 맹목적이며 무조건적으로 순종하는 이 상황은 어떻게 설명될 수 있을 것인가? 실험에 참석한 사람들은 실험관의 지시를 통해 지금까지 묻어 둔 모든 억압된 공격성이 일깨워지고 표현되었다고 볼 수 있는가? 이러한 추측은 한 마디로 일축할 수 없는 것이다. 우리의 일상생활에서 일어나는 고문과 잔인한 행위는 분명히 명령에 의해 실행되는 것만은 아니다. 우리는 언제나 타인이 고통받는 것을 보며 만족을 느끼는 악마적인 사디스트들에 대해 듣는다. 밀그램 박사의 실험에서도 학생에게 고통을 준다는 사실로 인해 몇몇 사람들은 자신이 느끼든지 못 느끼든지 심리적 보상을 받은 사실을 배제할 수 없다. 실험에 참석한 대부분의 사람들은 깊은 충격을 받고 실험실의 지시에 대해 항의하려 했다. 그러나 그것은 실험일 뿐이었다. 인간의 내면의 명령인 "맹목적으로 순종해야 한다"는 것이 "사람을 상하게 하거나 죽여서는 안 된다"는 인간관계의 기본 원리보다 더 강하기 때문이다. 인간을 해한다는 양심의 두려움이 있었지만 권위를 지닌 사람의 명령을 거역할 수 없었다. 실험지시대로 충실하게 수행하는 것은 실험관이 함께 그 자리에 있기 때문이라는 사실과(또한 실험에 참가한 다른 사람들도 감독자로 함께 있었다는 사실) 공인된 실험 기관에서 부여하는 책임이라도 어느 정도 저항하며 받아들였다는 사실도 실험의 변수가 된다. 실험실에 실험관이 함께 없는 상태에서, 첫번 전기 충격에 학생이 소리를 지르는 것을 보면 선생 역을 맡은 사람은 아무도 실험을 계속하지 못했을 것이다. 실험관이 안 보이는 곳에서 전화로 실험을 계속할 것을 명령했다면 선생역을 맡은 사람은 가장 낮은 전기 충격만 주며 속임수를 썼을 것이다. 그런 경우에는 인간성이 학문적인 강요를 이겼음을 볼 수 있다.

권위를 지닌 사람이 승인하지 않을 것이라는 두려움이나, 관계자들이 거절할 것이라는 두려움, 인정받지 못할 것에 대한 두려움은 결국 밀그램 박사의 실험이 보여 주듯 이해할 수 없는 폭력성의 근거가 된다. 실험과정에서 그 사실은 명백하게 드러났으며 세상을 놀라게 했다. 이 의미 깊은 심리학적인 결과는 일상생활에서 어려움이나 무능력함에 대해 "할 수 없다"고 말하는 경우가 있다는 것을 간과하고 있다는 놀라운 사실을 보여 주고 있다. 인간이 권위를 지닌 자로부터 인정을 받고자 하는 갈망은 본능에서 오는 것인가? 그에 대한 답은 그럴 수도 있고 아닐 수도 있다는 것이다. 따뜻함과 안정감과 인정받는 데 대한 강렬한 바람은 어린 시절에 채워져야 한다. 다만 부모가 아이의 기본적이 욕구를 채워 주고, 이런 공급이 아이의 전 인격에 흡수되었다는 것을 아이가 느끼게 되면 아이는 자존감과 안정을 얻게 된다. 즉, 건전한 자아의식을 갖게 되는 것이다. 그렇게 형성된 인격은 다수가 "그렇다"라고 긍정하고, 권위를 지닌 사람이 합법적인 요구를 할 때에도 부인할 수 있으며, 자신이 옳다고 생각하는 것을 밀고 나갈 수 있고 삶의 모든 영역에서 모범 시민의 용기를 발휘할 수 있는 것이다. 그런 사람은 갈등을 해결하기 위해 공격적인 수단을 사용하지 않으며 자기 자신에 대해 잘 이해한다. 우리는 자아의식이 강한 사람은 '학문'이라는 이름을 빌어 한 인간을 괴롭게 하지 않는다는 전제를 발견할 수 있다.

그러나 독일인의 85퍼센트는 양심의 가책에도 불구하고 실험관이 요구하는 대로 따랐다. 그런 사람들은 권위에 대한 두려움을 지니고 있다고 볼 수 있으며 아마도 어린 시절에 부모의 권위적인 교육을 받고 자랐을 것이다. 또한 부모에게 순종하지 않았을 때 갖고 싶거나 받아야 할 것들을 거절당한 경험도 있을 것이다. 부모들의 견해를 들어 보고 아이들을 관찰해 보면 실제로 부모들은 무의식중에 자녀들에게 거절할 때가 더 많다는 것이다.

이러한 실험 결과로서, 우리는 아이의 공격성에 효과적으로 대처하기 위해 아이의 총체적인 인격을 보는 눈을 지녀야 한다. 아이가 수줍어하고 부끄러움을 잘 타는 성격이라 해도, 이러한 본질적 특성은 악에 대한 투쟁에 대해 잘 나타나지 않는다. 밀그램의 실험이 인상깊게 보여 준 것처럼 순응하는 사람은 다른 사람에 의해서 공격성이 조장될 수 있다. 그러므로 우리는 아이들에게 필요한 사랑과 안전함을 공급해 주고 정직함과 일관성 있는 삶을 보여 주어야 한다. 그것은 물론 쉬운 것은 아니다. 그러나 이 책의 후반부는 어떤 경우에도 아이의 공격성의 문제는 해결할 수 없는 것이 아님을 말하고 있다. 오히려 대부분 작은 원인들이 모여 어른들을 성가시게 하거나 심려를 끼칠 정도로 아이들의 공격성을 유발한다는 사실을 말해 주고 있다.

1장의 요약

　라틴어를 원어로 하고 있는 'Aggression'
은 긍정적이지도 않고 부정적이지도 않은 중립적인
의미이다. 이 단어는 "이쪽으로 걸어오다", "다가가다", "무언가를 시
작하다" 등을 의미한다. 그러나 요즘에는 다른 생명체에게 해를 가하
거나, 어떤 대상을 상하게 하거나 파괴하는 것을 의미한다. 명랑하고
충동적인 발견의 기쁨을 공격성으로 오해하거나, 반대로 숨겨진 '일
상의 반칙'을 악의 없는 실수로 오해할 수 있는 것이다. 공격적인 행
동양식이 정당한지 정당하지 않은지, 의미 있는 것인지 없는 것인지
는 일반적으로는 결정할 수 없고 개개의 관찰자의 관점과 주어진 상
황에 달려 있다. 공격적인 행동양식의 범위는 세련된 말장난에서부터
전쟁까지 다양하다. 완전한 수동성이 수동적인 저항을 목표로 할 때
그것 또한 공격성에 속한다. 자신을 향한 해로운 사고들(예를 들면 자
책이나 우울함)은 그 의도나 행동이 겉으로 표현(자살 등)되기까지는
대체로 관찰할 수 없음에도 불구하고 자아공격으로 규정될 수 있다.

　'모든 악의 뿌리'를 찾는 일에서 누구보다 콘라드 로렌츠(Konrad
Lorenz) 박사의 행동양식 연구는 천성적인 충동을 공격성에 대한 가장 중요한 전제로 본다. 그러나 수많은 학문적인 연구는 그의 전제에 대해 반론을 제기한다. 민속학적인 연구는 악을 일으키는 에너지는 존재하지 않고 환경이 공격성 형성에 결정적인 영향을 준다고 본다. 프로이트가 "인간의 공격성은 외부로 향하는 죽음의 충동을 의미한다"고 표현한 명제는 역사적으로 한때 의미가 있던 것이었다. '삶의 배움터'로서의 환경은 인간에게 공격성을 배울 수 있도록 수없이 많은 기회를 제공해 준다. 그에 대해 공격적으로 반응하게 되는 것은 한편으로는 우연한 사건이거나 객관적인 필연성을 통해 나타나며, 다른 한편으로는 개인적인 거절에 의한 형태로 작용한다. 그러나 우리가 좌절감을 극복하는 법을 잘 배울수록, 좌절감이 반드시 공격성으로 변하는 위험률은 줄어든다.

공격성을 배우게 되는 중요한 학습과정은 관찰을 통해 모델을 보고 배우는 것이다. 특히 미취학 아동들은 어른이나 친구들이 하는 것을 재빨리 모방한다. 그러므로 어릴수록 부모들의 영향이 크게 나타난다는 사실을 추정할 수 있다. 또한 동화나 역사, 영화나 텔레비전도 모방의 대상이 될 수 있다. 보고 들은 것을 따라 하는 경향에 의해 이 사회에서 텔레비전이 아이들의 공격성에 미치는 영향은 대단하다는 사실이 앨버트 반두라(Albert Bandura)같은 학자 외에도 많은 학자들에 의해 입증되었다. 공격성에 대한 텔레비전의 직접적인 영향력은 실제로 폭력장면을 많이 보고 모방하게 되어 공격성이 습관화되거나 공격성에 대해 무디게 하는 영향력보다는 약할 것이다.

공격성은 지속적인 심리학적 기제에 의해 활성화되며 유지되고 강화된다. 물질적인 유익이나 특권 같은 긍정적인 결과로 주어지는 성공을 통해 강화의 단계까지 나가는 것이다. 그에 반해 벌은 여러 가지 작용을 한다. 아이들 안에 좌절이나 강화나 모방의 효과가 잠재하고

있다면 벌은 공격성을 향한 의도를 상승시킨다. 그들은 특정 상황이
나 특정한 사람에 대해서는 더 이상 공격적으로 행동하지 않아야 한
다는 것을 배우면서 공격성을 잠시 또는 부분적으로 억누를 수는 있
지만 그 효과는 지속적이지는 못하다. 다만 벌로 인해 아이가 죄의식
을 느끼게 된다면 벌은 공격성을 억제하는 효과를 낸 것이다.

공포감을 조성함으로 아이의 공격성을 억제하는 것은 문제가 될 수
있는 방법이다. 공포감은 좋은 관계를 갖고 지내는 것에 대해 아이의
내적인 자아를 강하게 하고 자신의 책임감을 키워 주기보다는, 자존
감과 자아의식에 피해를 준다. 그로 인해 총체적인 인격에 불안함이
자리잡게 되면 공격성이 무의식 속에 잠재되거나 나타나게 된다.

우리 아이들의 공격성

　이 책의 전반부에서는 어린아이의 삶에서 자기가 원하는 환경이 주어지지 않을 때나 자신의 분노가 받아들여지지 않을 때 등 다양한 상황에서의 좌절감이 공격성 형성에 결정적인 역할을 한다는 사실을 밝혔다. 또한 매일 겪는 다양한 경험 또한 극히 개인적인 공격성 형성의 원인이 된다. 그러므로 당신은 지금까지의 내용을 일반적인 관심을 갖고 보았을 뿐 아니라 당신의 자녀에게 해당되는 심리학적인 자료임을 발견했을 것이다. 이제 다음의 문제에 답해 보자.

1. 당신의 아이가 매일 어떤 종류의 좌절감을 얼마나 많이 견디어 내야 한다고 보는가?
2. 당신의 아이에게는 어떤 환경과 어떤 사람들이 특별히 좌절감을 주는가?
3. 당신의 아이는 좌절감을 어떻게 처리하는가?
4. 시간이 경과함에 따라 당신의 아이에게 형성되는 전형적인 공격성의 유형은 어떠한 것인가? 당신의 아이가 공격적인 언어를 사용하거나 다른 아이들을 때리지는 않는가? 눈에 띄게 공격적인 놀이를 좋아하거나 끔찍한 사건들에 대해 말하기를 즐기는 등 공격성향이

겉으로 표현되지는 않는가? 아니면 교묘한 수동적인 반항으로 당신을 당혹스럽게 하지는 않는가?

5. 당신의 아이는 어떤 사람들과 어떤 상황에 대해 공격성을 심하게 드러내는가?

6. 당신의 아이가 보통 이상으로 수줍어하거나, 겁이 많고 불안해하지는 않는가?

보통 부모들은 3번까지의 질문이 매우 답하기 어렵다고 말한다. 부모들은 대부분 자녀들의 좌절감의 정도를 과소평가한다. 그에 반해 불쾌한 경험을 처리하는 아이의 능력은 과대평가하는 경향이 있다. "제가 따귀를 때려도 우리 애는 금방 잊어버려요!" 부모들은 그런 아픈 경험이 아이의 기억 속에서 오랜 세월 동안 맴돌고 있음을 잘 알지 못한다. 겉으로 드러나는 공격성은 눈에 보이는 것이므로 부모들은 비교적 정확하게 관찰한다. 대체로 아이들의 공격성은 무례하거나 다른 아이들을 때리는 것으로 나타난다. 그러나 상상의 세계로 표현되는 아이의 공격성은 전혀 감지되지 않는다. 또한 수동적인 저항이 공격성의 변형된 표현이라는 사실은 많은 부모들에게는 금시초문인 것이다. 다섯번째 질문 또한 쉽게 대답할 수 없는 것이다. 우리는 오랜 시간 동안 체계적으로 관찰해야 그 답을 얻을 수 있다. 관찰할 때는 반드시 요점을 기록해야 한다. 여섯번째 문제를 답하는 것은 어렵지 않다. 대부분의 경우에 우리는 수줍어하며 불안해하는 어린아이들도 수많은 좌절감을 근거로 인해 숨겨진 공격성이 존재할 것이라는 사실을 간과하고 있다.

이 문제들을 답할 때 우리는 잘 드러나지 않는 무의식 세계의 활동에 흥미를 느끼게 된다. 교육학자와 심리학자들에게도 개인적인 비밀을 추적하는 것은 쉬운 일이 아니다. 아이들은 자신이 의식하지 못하는 바람이나 두려움이나 분노에 대해 직접적인 말로 표현 할 수 있는 능력이 없다. 우리가 아이의 내면 세계를 탐구하기 위해 간접적인 길을 선택하면 그의 내면의 숨겨진 부분은 거의 드러나지 않는다. 어린 아이는 부모와 형제 자매와 친구들에 대한 자신의 실제적인 관계에 대해 의식하지 못한 채 그 숨겨진 부분을 불현듯 편견 없이 털어놓는다. 그럴 때 우리는 네댓 살 된 아이가 지니고 있는 심리학적인 통찰력에 다시금 놀라게 된다. 이와 같이 모든 아이가 자신의 깊은 근심과 문제를 간략하게 요약할 수 있다고 평한다면 그것은 분명 과장된 것이 아니다. 그러나 안타깝게도 우리는 아이의 내면 세계를 자세히 관찰할 시간이 거의 없다. 다음의 테스트는 당신의 아이를 좀더 잘 이해할 수 있게 도와줄 것이다. 이 테스트는 아이의 가장 중요한 내적인 동요를 보여 주고 있으며 아이의 의견을 거침없이 말할 수 있도록 한다.

1. 공격성 테스트

　　아이들은 주어진 상황에서 주인공의 운명과 자신을 동일시한다는 보고가 있다. 그 대상은 사람일 수도 있으며 가상의 인물일 수도 있으며 짐승일 수도 있다. 다음 테스트에 등장하는 인물을 통해 아이의 생각이 실 풀리듯이 표현될 것이다. 대부분의 답은 당신의 자녀의 사고가 투영되고 있다.[6] 무엇보다도 당신은 심각한 표정으로 다음 테스트의 질문에 답하라고 명령해서는 안 된다. 잠자리에서나 주말에 가족끼리 보내는 시간 등 강요되지 않은 상황에서 하게 해야 한다. 물론 당신은 당신의 자녀들에게 맞는 다양한 수준으로 테스트를 시행할 수도 있다. 당신 자녀에게 이렇게 말할 수 있을 것이다. "여기 좀 봐라! 재미있는 그림이 있지! 여기에 쌈돌이라는 애가 나오는데 그림을 보면서 어떤 일이 일어날지 상상해 보렴." 첫번째 그림부터 답하게 하며 시간을 넉넉히 주어서 각 상황에 대해 깊이 생각할 여유를 준다. 대답이 시큰둥해도("몰라요!" 등) 짜증을 내거나 강요하지 말고 다음 질문이나 그림으로 넘어가도록 한다. 물론 당신이 먼저 질문에 답해 보며 당신의 교육방법을 동시에 점검해 볼 수 있을 것이다.

---

6. 이 테스트는 네댓 살뿐 아니라 열 살이나 열네 살에게도 적당하다. 물론 어른도 테스트에 참여할 수 있다. 나이가 좀 든 아이는 테스트의 의도를 파악할 수도 있을 것이다. 그럴 경우 당신은 주어진 상황을 사용하여 다양한 경우에서 교육적으로 어떻게 대처할지 대화를 나누고 그와 연결된 갈등에 대해 나눌 수 있을 것이다.

쌈돌이는 밖에서 놀려고 했지만 갑자기 비가 오기 시작했다. 그는 무엇을 생각했을까? 엄마에게 와서 무슨 말을 할까? 엄마는 또 무엇이라고 대답하실까? 그리고 쌈돌이는 이제 무엇을 할까?

쌈돌이는 가게에서 과자를 사려고 한다. 그런데 주머니의 돈이 온데간데없이 사라졌다. 그의 머리에 떠오르는 생각은 무엇일까? 그러면 그는 이제 어떻게 할까? 쌈돌이가 엄마에게 그 사실을 말했을 때 엄마는 어떻게 대답하실까? 저녁에 아빠가 그 사실을 아셨을 때는 뭐라고 말씀하실까?

이럴 수가! 쌈돌이는 꽃병을 발로 차서 깨뜨리고 말았다. 그는 그 순간 무슨 생각을 했을까? 그리고 어떤 행동을 할까? 엄마와 아빠는 그에 대해 뭐라고 말씀하실까? 누가 꽃병값을 물어야 할까?

세수하고 이닦기 건 정말 싫어! 그 이유는 무엇일까? 엄마는 쌈돌이에게 어떻게 말씀하실까? 아빠의 생각은? 쌈돌이는 그에 대해 어떤 생각을 할까? 어떻게 하면 쌈돌이가 씻고 싶은 생각이 들까?

쌈돌이가 재미있게 놀고 있는데 엄마가 심부름을 시키신다. 그는 어떻게 대답할까? 그에 대해 엄마는 어떻게 말씀하실까? 쌈돌이는 심부름을 가면서 무슨 생각을 할까? 어떻게 생각해야 좀더 즐겁게 심부름을 갈 수 있을까?

왜 텔레비전을 보지 말라는 거지? 쌈돌이의 머리에는 무엇이 스쳐갈까? 엄마에 대해 어떻게 생각할까? 아빠에 대해서는? 쌈돌이가 지금 가장 하고 싶어하는 일이 무엇일까?

밖에 나가지 못하게 한다고? 쌈돌이는 어떤 잘못을 했을까? 그는 벌로 무엇을
감수해야 하는가? 부모들은 다른 벌을 줄 수 있지 않았을까? 쌈돌이가 어른이
되면 자기 아이에게 어떤 벌을 줄까? 아이들이 벌받는 이유는 무엇일까?

찰싹! 쌈돌이는 따귀를 맞았다. 그 이유는 무엇일까? 누구에게 맞았을까? 그
후 쌈돌이가 가장 하고 싶은 일은? 그는 어른에 대해 어떻게 생각할까? 쌈돌
이가 어른이 되면 아이를 때리는 아빠가 될까? 부모들은 왜 아이들을 때릴까?
매를 맞지 않으면 아이들은 어떻게 될까?

형이 쌈돌이가 갖고 놀던 장난감을 빼앗아갔다. 쌈돌이는 무슨 생각이 들까? 형에게 어떻게 말했을까? 형의 대답은? 쌈돌이는 무슨 행동을 했을까? 엄마는 아이들의 싸움에 대해 야단을 치실까? 아빠는? 엄마, 아빠는 어떤 경우라면 참을 수 있었을까?

모래 사장에서 다른 아이와 싸우고 있다. 누가 잘못했을까? 쌈돌이는 그 아이에게 무슨 말을 할까? 쌈돌이가 그 아이를 때렸을까? 왜 때렸을까(때리지 않았다면 그 이유는)? 이 싸움은 어떻게 끝날까?

도대체 무엇 때문에 그렇게 화가 났을까? 쌈돌이는 무슨 말을 하고 있을까? 엄마가 그 소리를 들으면 무슨 말씀을 하실까? 아빠는 쌈돌이가 하는 짓을 보면 뭐라고 말씀하실까? 아빠가 같은 상황이라면 화를 내지 않으셨을까?

쌈돌이는 장난감을 부숴 버렸다. 왜 그랬을까? 엄마가 방에 들어왔을 때 무슨 말씀을 하실까? 아빠가 저녁에 그 일에 대해 들었을 때 어떻게 말씀하실까?

쌈돌이는 아빠의 가장 좋은 양복을 못쓰게 만들었다. 왜 그랬을까? 쌈돌이가 아빠에게 가장 하고 싶은 말은 무엇이었을까? 쌈돌이가 그렇게 말하지 못했던 이유는 무엇일까? 그가 아빠를 화나게 하려 하지 않는 이유는 무엇일까?

쌈돌이는 구정물이 담긴 양동이를 엎질러 버린다. 무슨 생각을 하고 그랬을까? 양심의 가책을 받았을까? 그 이유는(그 반대 경우의 이유는)? 엄마는 뭐라고 말씀하실까? 쌈돌이는 어떻게 대답을 할까? 쌈돌이가 어떻게 행동했다면 더 사랑스러웠을까?

쌈돌이는 누나의 스케치북에 낙서를 하고 있다. 누나에 대해 안 좋은 감정이 있는 걸까? 누나는 어떤 반응을 보일까? 엄마가 그 일에 대해 들으면 뭐라고 말씀하실까? 누나와 쌈돌이가 싸우면 아빠는 어떻게 하실까?

쌈돌이가 모르는 아이의 자전거 바퀴의 공기를 빼버리는 이유는? 쌈돌이는 그런 장난을 자주 할까? 쌈돌이는 그 외에 어떤 장난을 칠까? 부모님은 그에 대해 뭐라고 하실까? 쌈돌이는 어떻게 하면 그런 장난을 그만하게 될까?

질문에 대한 답을 평가할 때 당신은 아이들은 자신의 감정의 세계를 항상 가상의 이야기로 표현하지는 않는다는 사실을 고려해야 한다. 아이가 가상의 이야기를 표현할 때는 영화나 집밖에서의 경험을 생각한다. 그런 경우에도 아이들의 태도와 가치기준은 드러난다. 아이의 대답에 가정의 갈등이 반영되어 있다면 (예를 들어 "아빠는 욕만 하신다") 당신은 귀 기울여 들어야 한다. 당신의 자녀가 그런 말을 할 근거가 없다고 생각되어도 그 답을 무시해서는 안 된다. 아이가 욕설을 듣고 좌절감을 느끼고 개인적인 거절을 경험하는 것은 중요하지 않거나 과장된 것으로 여겨질 수 있으며 심지어는 감사하는 마음이 없는 것으로 해석될 수도 있다. 그러나 아이의 대답을 잘 생각해 본다면 그 속에서 작은 사실을 발견할 수도 있다. 그 속에는 외관상 분명하지 않은 아이의 공격성이 숨겨져 있다. 여러 상담 사례들을 보면 공격적이거나, 불안하거나, 소변을 가리지 못하거나, 말을 더듬는 등의 문제를 가진 아이들은 테스트에서 부모들의 모습을 욕을 잘하거나 벌을 주는 공격적인 사람으로 그려놓는다. 쌈돌이가 경험하는 첫장면은 그렇게 심한 좌절감을 느낄 상황이 아닌데도 아이들은 대단히 공격적인 답을 한다. 검사에 등장하는 인물들 간의 갈등은 잘 해결되는 경우가 거의 없으며 그러한 답은 아이들의 일상생활을 그대로 반영해 주는 것이다. 우리는 아이들이 매일 겪는 좌절감이 공격성과 깊은 관련이 있음을 더 보게 될 것이다. 아이의 좌절감의 압력밥솥의 압력을 조금이라도 빼준다면 가정의 분위기는 점점 좋아질 것이다. 우선 우리는 공격성 테스트에서 각각 다른 답을 한 두 아이의 답과 대조해 볼 것이다.

열 살 된 영민이는 고집이 세고, 공격적이며, 미운 짓만 하고 부모의 말에 전혀 아랑곳하지 않고 길들여지지 않았기 때문에 부모들은 그를 상담하는 곳에 데려왔다. 영민이의 선생님은 그를 침착하지 못하며 집중력이 없는 것으로 평하고 있다. 수업시간에 영민이는 아이들을 웃기려고 하며 노는 시간에는 다른 아이들을 때리곤 한다. 그런데도 그의 학교성적은 중간 이상이었다.

그에 반해 아홉 살 된 정수는 그의 아버지의 표현에 의하면 영락없는 말썽쟁이지만 부모님에게 아무런 어려움을 끼치지 않는다. 가족간의 생활에 있어서는 자립적이고 책임을 다 하는 모습을 보이고 있다. 학급의 친구들로부터는 사랑받는 편이다. 그 이유는 다른 친구들의 갈등의 해결사로 나서기 때문만은 아니다. 선생님은 정수가 다른 친구들의 싸움을 말리려고 시도하는 것을 여러 번 보았다. 그의 성적은 중간쯤 되며 정의감과 사회참여 정신이 특별히 뛰어난 아이이다. 심리검사에서 위의 두 소년은 거의 다를 바 없는 결과를 보였다. 영민이는 정수보다 좀 불안한 면을 보였으며 다른 면에 있어서는 둘 다 사교적이며 협력하는 긍정적인 특징을 보였다. 이러한 결과만으로는 영민이를 다루기 힘든 아이로 묘사할 수는 없을 것이다. 이 검사를 통해 공격성은 언제 어디서나 나타나는 것이 아니라 특정한 상황에서, 특정한 사람에 대해 나타난다는 사실이 나타났다. 테스트의 결과를 비교함에 있어서 두 아이 중 어떤 아이가 주위 환경과 자신으로 인해 더 큰 문제를 갖는지는 분명히 드러날 것이다.

당신이 당신 자녀의 답을 비교해 보고 정수보다 영민이 쪽에 가깝다고 해서 너무 놀라지 말기 바란다. 갈등을 공격적인 방법으로 해결하는 것은 어른들 사회에서도 자주 사용되는 방법이다. 이러한 태도는 많은 아이들의 가치관에 고착되어 있다. 당신 자녀의 답이 영민이의 답과 놀랍도록 비슷하다고 해서 당신의 자녀가 문제아라는 것은 아니다.

그럼에도 불구하고 당신은 이 정보를 당신 자녀의 무의식으로부터 끄집어내어 무죄한 아이에게 책임을 돌리지 말라. 당신 자녀의 걱정과 분노가 비상시뿐 아니라 일상생활에서도 일어난다는 사실을 알아야 한다. 반대로 답이 중요하게 보이지 않으며 공격성이 나타나지 않았다고 해서 당신의 자녀가 행복하고 만족하게 느끼는 것은 아니다. 자기 표현력이 없고 말이 없는 아이들은 그러한 질문들을 귀찮게 여기거나 이상하게 여기며 그 검사를 가능하면 빨리 끝내려 한다. 검사의 질문을 훑어본 아이들 중 몇몇은 자신의 부모가 정직한 답에 대해 어떻게 반응할지 염려하기도 했다. 그런 아이들은 자신의 진실된 생각과 느낌을 말하지 않는 경향이 있다. 또한 아이의 죄의식은 답에 작용하기도 한다. 아이는 내면에서는 부모에 대해 분노가 있지만 환상의 차원에서만 머물 뿐 공격성을 감히 표현하지 못한다. 우리는 공격성 테스트를 만능 처방으로 오해해서는 안 된다. 인성을 정확히 분석하려면 근본적으로 광범위한 조사를 해야 한다. 당신 자녀의 답을 마음속에 숨어 있는 갈등의 표현으로 여겨라. 아니면 단지 당신의 자녀와 대화가 어려울 경우에는 그림 테스트를 사용하여 대화의 창구를 마련하라.

영민이와 정수의 테스트 결과

영민이

영민: 아! 정말 짜증나네! 이제 밖에서 못 놀잖아!

엄마: 너무 화내지 마라!

영민: 내가 화내는데 엄마가 무슨 참견이에요?

엄마: 버르장머리가 없구나(그리고 영민이는 동생을 골려 주려고 나간다).

정수

정수: 비가 와도 괜찮아. 둑을 만들면서 놀면 되니까!

엄마: 추우면 들어와야 한다!

정수: 알겠어요(밖으로 놀러 나간다).

영민이는 화가 나서 집으로 돌아온다. 엄마는 영민이를 야단친다. 영민이가 멍청하게 행동했으므로 저녁에는 아빠가 야단을 친다.

정수도 처음에는 화가 난다. 그러나 엄마에게 돌아와서 500원만 달라고 부탁한다. 그리고 그것은 용돈에서 빼라고 말한다. 엄마는 정수에게 돈을 준다. 아빠는 웃으며 말한다. "다음에는 조심하거라!"

영민이는 생각한다. "엄마 아빠가 뭐라고 말씀하실까?" 그는 엄마 아빠가 화를 내실까 두려워한다. 그는 꽃병을 다시 붙이려고 시도해 본다. 그러는데 엄마가 와서 야단을 친다. 아빠는 따귀를 때린다. 영민이는 용돈에서 꽃병 값을 물어야 했다.

정수는 화가 난다. 그러나 엄마에게 무슨 일이 일어났는지 말한다.
엄마: 그런 일은 항상 일어날 수 있는 거란다.
아빠: 그럴 수 있지. 다른 꽃병이 있는지 창고를 찾아 봅시다.

영민이는 씻고 싶어하지 않는다. 엄마가 하루종일 잔소리를 했기 때문이다.
엄마: 너, 지금 씻지 않으면 내일은 밖에 못나갈 줄 알아!
아빠: 안 씻으면 가만 안 놔둔다!
영민이: (어! 엄마 아빠가 같이 껴드네! 엄마 아빠가 참견하지 않았으면 씻었을텐데….)

정수는 씻는 것을 싫어한다.
엄마: 그러고 있지 말고 씻으렴!
아빠: (웃기만 한다)
정수: 그래. 이보다 더 싫은 일은 없을 거야(씻고 자러 간다).

영민이: 엄마가 가면 안돼?(화가 나서 말한다)
엄마: 심부름 안 가면 밖에 못 나가게 할거야!
아빠는 영민이를 때리려 한다. 영민이는 심부름을 가면서 엄마 아빠에 대해 분노를 금치 못한다. 영민이는 엄마 아빠가 좀 친절했다면 자기가 쉽게 심부름을 갔을 것이라고 생각한다.

정수는 더 놀고 싶었다. 그러나 엄마는 "빨리 심부름을 갔다 와서 놀면 좋지 않겠니?"라고 하신다. 아빠도 같은 말씀을 하실 것이다. 정수는 심부름을 가면 용돈으로 사탕이나 초콜릿을 살 수 있다는 것을 생각하게 되었다. 그래서 나중에 놀고 먼저 심부름 가는 것이 낫겠다고 생각한다.

영민이는 식사 중에 나쁜 말을 했으므로 텔레비전을 못보게 되었다. 그는 화가 났다. "이상한 엄마 아빠는 한 가지만 잘못해도 다 못하게 한단 말이야!" 영민이는 꾀를 부려야겠다는 생각을 한다. 영민이는 부모님 몰래 텔레비전을 본다.

정수는 어제 늦게 잤기 때문에 오늘 텔레비전을 못보게 되었다. 정수는 "오늘, 엄마 아빠를 설득할 수 있을 거야!"라고 생각한다. 그래도 텔레비전을 보지 못하게 되면 정수는 방에 가서 놀 것이다.

영민이는 축구를 하다가 유리창을 깼다. 그는 자기가 받은 벌이 너무 심하다고 생각한다. 유리를 깼지만 할말은 있는데 말이다. 영민이는 벌받은 것이 억울해서 자기가 어른이 되면 그대로 아이에게 벌을 줄 것이다.

정수는 감기에 걸려서 밖에 나가면 안 된다. "이건 사실 벌이라고 할 수가 없지. 엄마가 옳았어"라고 생각한다. 벌 주는 것은 소용이 없는 일이므로 정수는 어른이 되면 아이들에게 벌을 주지 않겠다고 생각한다. 부모들이 잘해 주면 아이들도 말을 잘 들을 것이라고 생각한다.

영민이는 신발을 잘 털고 들어오지 않았으므로 집안이 더러워져서 아버지에게 따귀를 맞았다. 영민이는 아버지에게 신발 한 짝을 집어던지고 싶었다. 그러나 감히 그렇게 하지 못했다. 그는 어른에 대해 이렇게 말한다. "어른들은 다 바보 같애!" 그러나 그가 어른이 되면 아이들에게 잘못하면 매를 맞는다는 사실을 가르쳐 줄 것이다.

정수는 엄마를 아주 화나게 만들었다. 엄마에게 사과하는 것이 가장 좋은 방법이다. 어른들에 대해 정수는 이렇게 생각한다. "엄마 아빠 말씀이 항상 옳은 것 같애." 정수가 매를 맞아보니 너무 아프기 때문에, 어른이 되면 아이들을 절대 때리지 않을 것이다. 아이들이 매를 맞지 않으면 말을 잘 들을 것이다.

영민이는 동생이 화나게 하기 때문에 이를 갈고 있다. "집짓기 놀이 주지 않으면 가만 안 놔둔다!" 동생은 말한다. "웃기지마, 절대로 안 줄거야!" 그래서 영민이는 동생을 떠밀고 머리카락을 몇 개 뽑아 버렸다. 엄마는 야단을 치시고 아빠는 종아리를 때리셨다. 영민이는 엄마가 아빠가 함께 놀아 준다면 동생과 사이좋게 놀 수 있을 것이라고 생각한다.

정수의 동생은 기차를 갖고 놀려고 한다. 정수는 자기도 기차를 갖고 싶어서 이렇게 말한다. "나도 함께 놀게 해주면 너에게 재미있는 놀이를 가르쳐 줄게." 엄마는 말씀하신다. "같이 잘 노는구나!" 아빠도 같은 말씀을 하신다.

한 아이가 영민이에게서 양동이를 빼앗으려 한다. 영민이는 말한다. "이 바보야! 내 양동이 내놓지 못해?" 영민이는 그 아이가 내놓지 않으려 하자 그 아이를 때리고 모래를 뿌린다. 그리고 그 아이가 우는데도 아랑곳하지 않고 혼자 놀고 있다.

다른 사람의 것을 빼앗는 것은 나쁜 것이다. 정수는 "내 양동이 돌려줄래?" 하고 말한다. 정수는 양동이를 돌려 받자 그 아이에게 다시 빌려 준다. 그는 다른 사람을 때리는 것은 좋지 않은 일이라고 생각한다. 두 아이는 다시 사이좋게 놀게 되었다.

영민이는 화가 났다. 동생만 엄마에게 용돈을 받고 자기는 못 받았기 때문이다. 영민이는 "제기랄" 하고 말한다. 엄마는 그 말을 듣고 이틀 동안 못나가게 하셨고, 아빠는 영민이를 때리셨다. 엄마 아빠가 동생만 예뻐하지 않았다면 그렇게 화가 나지는 않았을 것이다.

정수가 해서는 안 되는 일이 있을 것이다. 그러나 그렇다고 해서 옷장을 발로 찰 필요까지는 느끼지 않는다. 엄마는 말씀하신다. "진정해라!" 아빠는 웃으며 머리를 쓰다듬으신다. 정수는 자기가 하고 싶은 것을 허락 받았다면 그렇게 화내지 않았을 것이다.

동생은 밖에서 놀도록 허락 받았지만 영민이는 허락 받지 못했다. 엄마는 장난감을 빼앗으신다. 아빠는 영민이에게 윽박지르신다. "너 크리스마스 때 선물 없는 줄 알아라!" 영민이도 밖에서 놀도록 허락을 받았다면 장난감 자동차를 부수지 않았을 것이다.

장난으로 장난감 자동차를 부쉈다. 엄마는 말씀하신다. "아무도 다치지 않았니?" 아빠는 웃으며 말씀하신다. "이제 이 차를 정비소에 가져가야겠구나!" 장난을 쳐보겠다는 생각이 나지 않았다면 정수는 장난감 자동차를 부수지 않았을 것이다.

아빠는 툭하면 영민이를 때리시므로 그는 아빠에게 "저 좀 때리지 마세요"라고 말하고 싶다. 그러나 그 말을 했다가는 또 얻어맞을 것 같아서 자기 생각을 말하지 못하고 있다. 영민이는 아빠가 때리지 않으신다면 아빠를 화나게 하지 않을 거라고 생각한다.

정수는 소매를 갖고 놀려고 한다. 그는 아빠에게 "아빠, 저 아빠 양복 소매 좀 갖고 놀게요"라고 말하고 싶다. 그러나 아빠가 직장에 가셔서 말씀을 드리지 못한다. 정수는 아빠가 자기를 화나게 하지 않으면 자기도 아빠를 화나게 하지 않을 거라고 생각한다.

영민이는 엄마를 미끄러지게 하고 싶었다. 엄마가 항상 야단을 치시므로 엄마에게 화가 나 있어서 그렇게 하는 것이 별로 양심의 가책이 되지 않았다. 엄마는 영민이를 방에 가두었다. 영민이는 아무 말도 하지 않고 방에서 소리내어 울었다. 영민이가 사랑스럽게 행동하면 엄마가 항상 야단치지는 않을 것이다.

정수는 실수로 물을 엎질렀다. "내가 조금만 주의했었다면 좋았을텐데!" 고의적으로 양동이를 엎질렀다면 양심의 가책을 받았을 것이다. 정수의 엄마는 말한다. "조심해라!" 정수는 "죄송해요"라고 사과한다.

영민이는 화가 났다. 동생은 스케치북
이 있는데 자기는 없고, 동생이 자기를
가끔 화나게 하기 때문이다. 동생은 큰
소리로 울며 엄마에게 이른다. 영민이
는 다시 엄마에게 야단맞는다. 둘이 싸
우면 아빠는 두 사람을 다 때리신다.

정수도 그림을 그리고 싶어한다. 동생
이 자기 스케치북에 정수가 낙서하는
것을 보고 엄마를 데려온다. 엄마는
"여기 네 스케치북도 있다" 하시며 내주
신다. 아빠는 "너희들, 스케치북 때문
에 싸우지 않아서 대견하구나!" 라고 말
씀하신다.

영민이는 화가 났다. 어떤 아이가 "너
는 이런 좋은 자전거 없지!" 하고 으스
댔기 때문이다. 영민이도 그 아이처럼
남을 잘 놀린다. 다리를 걸어 넘어뜨리
기도 하고, 의자를 빼 엉덩방아를 찧게
도 만들고 물을 뿌리기도 한다. 다른 사
람을 골탕먹이는 것은 재미있다. 아마
부모님이 그 사실을 아신다면 가만 놔
두지 않으실 것이다. 그러나 부모님이
영민이에게 관심을 가져 주신다면 영민
이는 짓궂은 장난은 안 할 것이다.

다른 아이들도 정수의 자전거 바람을
빼놓으므로 정수도 그렇게 한다. 또 정
수는 가끔 젖은 스펀지를 던지면서 장
난을 친다. 엄마는 "그런 장난하지 말
아라!" 하고 말씀하신다. 아빠는 보고 웃
으신다. 정수는 아이들이 자기 장난에
대해 반응이 없으면 장난을 하지 않을
것이다.

테스트의 결과는 아이의 공격성이 다양하게 특징적으로 나타나는 것을 보여 준다. 영민이가 외부의 자극을 받아 공격하고자 하는 욕구로 가득 차 있을 때, 정수는 항상 평화를 유지하며 타협하는 식으로 감정을 표현한다. 양복의 소매를 자른다든가 양동이를 엎지르는 등의 공격적인 갈등도 정수는 평화적인 수단으로 해석한다. 테스트에 등장하는 부모에 대한 묘사도 마찬가지이다. 영민이는 자기 부모를 벌을 잘 주고, 잔소리를 잘하는 사람으로 묘사하는 반면 정수는 다정다감하고 이해심이 많은 사람으로 묘사한다. 우리는 열 살 된 아이들이 공격적인 교육방법의 효과에 대해 자기 나름대로의 견해를 지니고 있다는 것을 생각해야 한다. 영민이는 말 잘 듣는 아이들을 만들기 위해서는 매가 필수적이라고 생각한다. 정수는 그에 반해 어른들의 공격성으로부터 아이들의 문제에 대한 근본적인 이유를 발견하고 있다. 그것은 공격성 테스트에서 어린아이들이 보여 주는 놀라운 일면이다.

많은 부모들은 회의적이다. "영민이의 테스트 결과가 실제로 그 아이의 가정환경과 일치하는가? 아니면 영민이가 과장한 것이 아닌가? 심리학적인 측면에서 보면 그와 비슷한 처지에 있는 부모들은 아이들의 답을 부정하려 하며 부모와 아이들의 갈등의 폭발을 무마시키려 한다. "우리의 경우는 그렇게 심각하지는 않아요!" 상담자와의 대화에서 자신의 연약함을 인정하게 하고 죄의식을 느끼게 하는 것은 결코 쉽지 않다. 영민이 부모들은 첫번 대화에서 상담자의 추측을 부인한다. "우리 집 가정교육을 받은 아이가 그렇게 공격적인 것은 있을 수 없는 일이에요." 부모들이 아이의 마음 상태를 구체적으로 볼 수 있도록 하기 위해서 테스트를 받는 현장은 비디오로 녹화되었다. 그들은 옆방에서 화면을 통해 인터뷰를 지켜보며, 그들이 어떻게 교육해 왔는가를 직접 볼 수 있었다. 그들의 첫번째 반응은 당혹스러움이었다. 그러한 상태에서 진지한 통찰력과 대화가 나오게 되는 것이다. 모든 참가자들은 그들의 필요와 분노와 불안을 공개적으로 나누게 된다. 이렇게 문제를 해결해 주는 가족회의는 아이가 기입한 답이 실제적인 사실에 기인한다는 사실을 보여 준다. 영민이의 엄마는 충동적으로 욕하듯 말하며, 아빠는 아이를 잘 때리며, 영민이와 두 살 어린 동생 사이에는 대단한 경쟁의식이 있다. 부모들은 테스트가 보여 주듯이 그렇게 심각하게 느끼지는 못하고 있었다. 물론 영민이가 모든 갈등 상황에서 야단을 맞고 답한 것은 아니다. 또한 아빠에게 매일 맞는 것은 아니다. 다만 테스트에 묘사된 장면의 상황들은 그의 부모들에게 순간적으로 그런 류의 공격성을 야기시킬 뿐이다. 공격성 테스트는 이미 경험한 아픔에 뿌리박고 있으며 환상의 세계를 가미하는 것이 어떠한 것인가를 보여 주고 있다.

여러 번 상담을 나누면서 영민이의 가족이 허심탄회하게 대화를 나누는 기회가 생겼다. 그 기회를 통해 영민이의 아버지는 어릴 때에 많이 맞은 경험이 있으며, 영민이의 어머니는 말할 수 없이 바쁜 상점을 운영하는 집안의 출신임이 드러났다. 자신의 어린 시절은 자녀교육 방법에 있어서 의식되지 않는 참고서가 될 수 있다. 그것은 영민이의 답변에서 나타난 것과 동일한 것이다(매를 맞지 않으면 말 잘 듣는 아이가 될 수 없다). 부모들이 변화하겠다는 자세를 보인 것은 몇 주가 지나서였다. 엄마는 때로는 잔소리를 하지 않기로 하고, 아빠도 대단한 결심을 했음에도 불구하고 항상 자신을 다스릴 수 있는 것은 아니며, 영민이도 결코 천사일 수는 없는 것이다. 그러나 가정을 불안하게 만드는 공격성이 예전과 같지는 않았다. 식구들이 양보하는 태도를 보이며 그들의 갈등을 허심탄회하게 나누는 단계까지 발전되었다.

2. 아이의 공격성이 형성되는 이유

갓 태어난 아이들을 보며 이 연약하고 작은 존재를 공격적이라고 묘사할 사람은 아무도 없을 것이다. 그러나 유아들에게서 훗날 공격성에 영향을 줄 수 있는 분명한 특징을 알아볼 수 있다. 어떤 아이들은 힘이 세고 강하며 생동감 있고, 크게 소리를 지른다. 또 어떤 아이들은 부드럽고 연약한 모습을 보이기도 한다. 그들의 기질은 온순하게 보이기도 하고 조용해 보이기도 한다. 분명한 것은 선천적인 강인함은 다양한 환경적 영향을 통해 더 변화된다는 것이다. 즉 더 증진되기도 하고 억제되기도 한다. 그럼에도 불구하고 선천적인 요인은 아이의 발전이 결정되는 기본이 된다. 활동적인 아이가 조용한 아이보다 자신이 사는 세계의 영향을 더 많이 받는다는 것은 쉽게 추측할 수 있는 사실이다. 아이의 공격성에 대해 생각하고자 한다면 우리는 부모와 아이의 행동 사이의 상호 작용을 간과해서는 안 된다.

1) 기본적인 필요

아기는 태어난 날부터 첫주 동안에는 한 가지 목표만을 가지고 있다. 그것은 자신의 원초적이고 기본적인 욕구를 채우는 일이다. 젖먹이가 만족스럽고, 깨끗하고, 편하게 느낀다면 젖먹이의 세계는 질서가 잡혀 있는 것이다. 그에 반해 젖먹이가 배고프고 젖은 기저귀를 하고 있다면 그는 버림받고 위협을 당하는 듯이 느낀다. 그럴 경우 이 작은 인격체는 불쾌함으로 가득 차게 된다. 즐거움과 불쾌함은 젖먹이가 느낄 수 있는 첫번째 감정이다. 그후에 더 섬세한 감정이 발달하게 된다. 대부분의 엄마들은 아기들이 울 때 무슨 이유로 우는지 몇 주만 지나면 구분할 수 있게 된다. 배고파서 우는지, 외로워서 우는지, 기저귀가 젖어서 우는지, 아파서 우는지 다르게 들리는 것이다. 이 모든 채워지지 않은 욕구들이 아기에게 강한 좌절감을 주고 깊은 불안감을 준다는 사실을 간과해서는 안 된다. 그렇기 때문에 어떤 이유든지 우는 아이에게 보호받는다는 의식과 평온함을 주는 것은 매우 중요하다.

　이러한 심리학적 측면은 부모들이 모이면 매우 열띤 토론의 주제가 된다. 불안하게 우는 아기는 언제든지 돌봄을 받지만, 분노에 차서 소리를 질러대는 아기에게는 특별한 관심이 주어지지 않는다. 많은 부모들은 아기들이 화가 나서 소리를 지르거나 손발을 구르는 행동에서 어른의 세계에서도 볼 수 있는 이숙한 공격성의 모습을 발견하게 된다. 어떤 어머니는 노골적으로 말하고 있다. "저는 우리 집 아이가 소리 지르는 것에 전혀 신경을 쓰지 않아요. 우리 집 아이는 소리 질러보았자 얻는 것이 없다는 사실을 알아야 해요!" 그러면 이 작은 존재에게 있어서 분노는 무엇을 의미하는가? 분명 그것은 불쾌함을 충동적이고 선천적으로 표현하는 방법인 것이다. 무엇보다도 인간은 갓난아기가 자신의 불쾌함의 논리적 관계를 전혀 이해하지 못한다는 사실을 쉽게 잊어버린다.

　아기의 화난 반응에는 혼자서는 해결할 수 없는 좌절감과 분노가 함께 숨어 있다. 이 두 가지 감정은 밀접하게 결합되어 있으므로 그 본모습을 파악하기가 쉽지 않다. 갓난아기들을 혼자 놓아두면 그들은 불안해져서 울거나 소리를 지르기 시작한다. 우는 아이를 방치해 두면 그들의 울음 소리는 더 격렬해지며 그 작은 몸 전체를 완전히 흔들어 놓는다. 이 세상에 대한 부르짖음에 아무런 반응이 없으면 아기는 소리의 높이를 바꾼다. 아기의 화가 난 상태는 깊은 분노로 바뀐다. 도움을 요청하는 칭얼거림이 공격적인 요구로 바뀌는 것이다. 이 시점에서 어른들은 이 작은 문제아 때문에 구석에 몰린 듯이 느끼며, 갓난아기의 요구를 무시해 버린다. 이렇게 아기의 필요를 무시하면 아기로 하여금 최후의 불안을 표현하기 위해 악을 쓰게 만드는 경우가 많으며 그 결과 육체와 영혼을 파괴시킨다. 아기가 모든 힘이 빠지면 나중에는 기진맥진한 채로 칭얼거리거나 울먹거리는데 그것은 결과적으로 포기한다는 표시가 되는 것이다. 응답되지 않는 도움을 청하는 아이의 부르짖음이 어떤 결과를 가져올지에 대해 심리학자 레네 쉬피츠(Rene Spitz)가 보여 주고 있다. 그는 40년대에 남미의 몇몇 가정에서 젖먹이들과 작은 아이들의 태도를 관찰했다. 그들 중 많은 아이들은 혼자 오랫동안 방치하자 더 이상 소리를 칠 힘이 없어 조용해지거나, 무감각해지거나, 우울증에 빠져버렸다. 이러한 애정 결핍증이 채워지지 않으면 혼자 남겨진 아이는 결과적으로 위축되며, 감정의 영역에 받은 상처는 완전히 치료될 수 없다.

이런 사실은 우리에게 생각할 바를 시사한다. 우리는 화가 나서 소리 지르며 우는 아이를 벌주기 위해 그냥 방치하는 경우가 얼마나 많은지 모른다. 갓난아기들이 소리지르며 울 때 즉시 그 욕구를 채워지면 아이들은 이 세상에 대한 신뢰감을 갖게 되며 강한 안정감을 갖게 된다. 또한 공격성으로 발전하게 될 좌절감을 쉽게 느끼지 않게 된다.

2) 호기심과 발견의 기쁨

우선 아기들의 눈은 타고난 호기심을 충족시키고 싶어한다. 생후 1
개월부터 아기들은 주위의 대상들이 희미하고 몽롱하게 보일 뿐이지
만 그 대상을 계속 응시하려 하는 경향이 있다. 태어난 지 얼마 안 된
아기들의 손은 본성에 따라 움직이게 된다. 그들은 함께 놀며 언어의
참된 영역에서 이 세계를 이해하기 시작한다. 6개월이 지나면 아기들
은 자기 의도대로 손을 움직이고 눈이 닿는 곳에 손을 뻗을 수 있게 된
다. 손에 쥐고 노는 딸랑이는 대단한 즐거움을 주는 것이다. 그것은
새로운 자기 이해의 상징이다. 지금까지 수동적인 관망자였던 아기는
자신의 세계에서 일어나는 일에 대한 적극적인 참여자가 되는 것이
다. 그리고 아이는 한차원 높은 삶의 단계로 발전하게 되는 것이다.

물론 부모들은 이러한 진전을 장려한다. 움직인다는 것은 정상적인
아동 발달의 증거이다. 알록달록한 색깔의 장난감이 아이의 환경을
장식해 주고 발견의 기쁨을 더해 준다. 그것은 삶의 기쁨과 조화를 이
루어 준다. 누가 이러한 즐거운 활동 속에 아이의 공격성을 유발시키
는 요소가 숨어 있다고 생각하겠는가? 그러나 놀이에서 삶의 진지함

으로 옮겨지는 과정은 많은 부모들이 잘 보지 못하는 가운데 찾아온
다. 우리는 아이의 행동과 반응을 정확하게 관찰하여 아이의 공격성
의 요인을 감지해야 한다. 이제 다음의 장면을 당신의 경우에 적용시
켜 보자.

　10개월 된 정훈이는 거실을 가로질러 재빨리 기어가고 있다. 엄마
는 부엌에서 점심을 준비하고 있다. 그리고 엄마는 열린 문을 통해 정
훈이의 움직임을 지켜보고 있었다. 얼마 후에 정훈이는 자기 장난감
을 놓더니 자기 주위에 무엇이 있는지 살펴보고 있다. 마침 창가에 있
는 화분이 눈에 띄었다. 정훈이는 있는 힘을 다하여 그 흥미 있는 대상
을 향해 기어갔다. 화분에 든 부드러운 흙, 주무르는대로 모양을 만들
수 있는 흙에 끌리지 않을 아이들이 있겠는가? 그 아이는 흙을 한 움
큼 집어 양탄자에 뿌리고 있었다. 양탄자에 뿌려진 흙은 아이의 눈에
매우 멋있게 보였을 것이다. 문틈을 통해 이 광경을 보는 엄마는 무슨
말을 했겠는가? 아니면 당신이 정훈이의 엄마였다면 무슨 말을 했겠
는가? 그동안 아이들의 어이없는 놀이에 대해 충분히 이해해야 하며
지저분한 것을 교육학적으로 공감하며 미소로 넘겨야 한다는 것을 배
웠으니까 미소를 지어 보일 것인가? 아니면 손을 가슴에 얹고 진정시
키겠는가? 참지 못하고 화를 내지는 않겠는가? "야! 너 뭐하는 거니?"
라고 소리를 지른다고 정훈이가 하던 행동을 멈추겠는가? 그 아이가
당신의 손가락만 보아도 무엇을 하지 말아야 할 것과, 무엇은 해도 되
는 것인지 알 수 있겠는가? 이 문제에 대해 정직하게 답해본 후에 정
훈이의 엄마가 어떻게 반응하는지 관찰해 보자. 엄마는 아이에게로
다가가서 아주 친절하게 "그러면, 안 돼지!"라고 말하며 아기의 팔을
잡아끌고 아기의 눈을 구석에 있는 집짓기 놀이로 돌리게 한다. 정훈
이는 즉시 신이 나서 행복한 표정으로 집짓기 놀이에 열중하게 된다.

아이들이 기는 단계를 지나 걸을 수 있게 되면 다른 현상이 나타나기 시작한다. 아이들이 자신의 호기심을 충족시키기 위해 이상한 일들을 벌이는 것이다. 아빠의 오디오 세트는 창가의 화병이나 부엌의 그릇처럼 손으로 집을 수 있는 것이 되는 것이다. 새로운 물체를 잡아보는 기쁨은 엄마나 아빠가 줄 수 없는 것이다. 부모들은 부드럽게 말하기보다는 "안 돼"라고 강하게 부인하거나 이성적으로 인내하며 아이에게 하지 말아야 할 것을 설명해 주는 때도 있다. 부모의 이성과 아이의 발견의 기쁨 사이의 투쟁은 이제 시작되는 것이다. 아이의 좌절과 공격성이 교차되기 시작하는 것이다. 이러한 유아기의 갈등을 어떻게 해결하겠는가?

1. 집을 아이가 안전하게 지낼 수 있는 환경으로 바꾼다면 부모가 개입할 필요가 없게 될 것이다. 콘센트에 안전장치를 해놓고 위험한 것과 깨지기 쉬운 것들과 귀중품은 아이의 손이 닿지 않는 곳에 놓아두는 방법은 대부분의 부모들이 명심해야 할 것이다. 어린아이들은 주위에 있는 흥미 있는 것들에 대해 나름대로의 이해를 한다. 어린아이들은 열정적으로 모든 것을 철저하게 연구하며 분리하거나 모든 것을 쥐어뜯는다. 그것은 방안의 화초가 될 수도 있고 엄마의 화장품이 될 수도 있으며 책이 될 수도 있다. 아이들은 눈과 손만을 사용하는 것이 아니라 자신의 기호에 따라 탐구를 한다. 종이조각이나 화분에 있는 흙이나 집짓기 블록 등을 입에 넣기도 하며 맛을 보려고 애쓰기도 한다.

   당신이 절대로 집을 돼지우리로 만들지 않으려 하는 것은 아이에게 도움이 되지 않을 것이다. 또 반대로 당신의 아이가 가구에 흠집을 내고, 벽지를 크레파스로 더럽혀도 아이에게 모든 자유를 주고 미소지으며 어린아이의 행동을 받아들이는 것도 교육상 도움이 되지 않을 것이다. 아이를 위한다는 것이 어떤 것인지 잘 모를 경우 아이의 인격 성장에 제약을 주게 될 것이다. 자녀교육에 있어서는 경계선이 주어져야 한다. 그에 대해서 우리 모두는 일치한다. 어떤 경계선이 주어져야 하는지가 문제인 것이다.

2. 당신의 아이가 규칙을 지키지 않는다면 당신은 언어로 지시를 내려야할 것이다. 기어다니는 아이들에게는 친절하게 "안 된다"고 하는 것으로 충분하다. 후에 아이가 걸을 수 있고 말을 이해할 수 있게 되면 짧은 설명을 덧붙이는 것이 좋다. 매번 인내하는 것은 자신의 정신력을 요구하는 것이며 어린아이의 수용력을 과도하게 요구하는 것이다.

부모들의 모임에 참석한 한 어머니가 말했다. "말은 그럴듯하게 들리지만 제가 천 번도 넘게 "안 된다"고 한 결과는 무엇인지 아세요? 우리 애는 전혀 말을 들으려 하지 않아요." 실제로 많은 부모들은 이러한 실패를 인정한다. 우리는 즉시 더 나은 처방을 강구하기 전에 다음과 같은 질문을 하며 생각해 볼 것이 있다. " 왜 많은 아이들이 부모들이 분명한 '안 돼'로 경계선을 그어 주는 데 대해 못들은 척 하는가?"

양탄자에 화분의 흙을 다 쏟아버린 정훈이를 다시 생각해 보자. 정훈이의 엄마는 아주 친절하게 "안 된다, 애야!" 라고 말했다. 이렇게 외적으로 친절함이 나타날 때 매우 중요한 메시지가 전달되는 것이다. 아이에게는 자신의 발견의 기쁨을 사람들이 이해해 주고 자신이 한계를 넘었어도 사랑해 준다는 것이 간접적으로 전달되는 것이다. 엄마의 "안 된단다"라는 말은 찡그린 얼굴과 화가 난 어조에서 눈치챌 수 있는 것이다. 아이는 그 순간에 이중으로 좌절감을 느낀다. 한

편으로는 그의 목표 지향적인 활동이 중단되었으며 다른 한편으로
는 개인적으로 거부감을 느끼게 되는 것이다. 당신이 불쾌함을 표현
하며 아이를 야단치고 벌준다면 우리가 알고 있는 벌의 영향력이 모
든 심리학적인 기제하에 작용하게 된다. 당신이 화를 낸다면 아이는
하던 일을 멈추긴 할 것이다. 그러나 그것은 놀라거나 화가 나서 잠
시 물러선 것이다. 이러한 직접적인 말이나 체벌을 통한 성공은 그
효력이 잠시 뿐임이 드러난다. 얼마 지나지 않아 그 아이는 그 행동
을 다시 하기 시작할 것이다.

그와 같은 경험을 한 부모들을 이렇게 말할 것이다. "우리는 이미
자녀교육에 관한 책을 많이 읽었고, 아이들에게 부드럽게 대하려고
노력하고 있지요. 그렇지만 우리가 네댓 번 안 된다고 말해도 우리
아이가 전혀 반응을 보이지 않으면 화를 내야 하지 않을까요?" 정훈
이의 엄마는 이렇게 답할 것이다. "저는 솔직히 말해서 우리 아이가
안정감과 평온함을 느끼도록 하기 위해 저 자신을 극복하는 대가를
매번 치렀답니다. 정훈이는 제게 기쁨을 주려고 하던 일을 멈추지
요. 그렇지만 다시 제가 못하게 했던 일로 되놀아가곤 합니다. 경험
에 의하면 똑같은 상황은 여러 번 반복되고 저는 정훈이가 정말 해
서는 안 된다는 것을 알 때까지 '안 돼'를 반복해야 합니다. 그렇게
매번 인내하는 것이 항상 쉬운 일은 아니에요."

결정적인 것은 '인내'다. 실제로 어린아이들이 부모들의 "안 돼"
를 내면화시켜서 행동지침으로 삼기까지는 오랜 시간이 걸린다. 인
내를 발휘하는 수고를 함으로 우리가 몇 년 동안 수천 번 "안 돼"라
고 반복하는 수고를 피할 수 있다면 그것은 더 적은 노력을 들이는
것이 아니겠는가? 야단을 쳐서 당장 외관상으로 말을 듣게 하는 것
은 부모들이 인내하고자 하는 가능성을 막아 준다. 물론 이해 깊고

친절한 "안 돼"가 자신의 아이에게 함께 사는 법칙을 전수해 주기에 항상 적합한 것은 아니다. 더 나아가 생각할 부분이 있다. 이것은 간과되기 쉬운 것이다.

3. 갈등 상황에서 아이 편이 되도록 하라. 이 제안은 무엇을 뜻하고 있는가? 부모들이 아이들에게 경계선을 그어줄 때 흔히 오류를 범하게 된다. 그들은 아이들이 하지 말라는 명령을 들었을 때 어른처럼 즉시 이해한다고 생각한다. 그러나 부모들의 "안 돼"는 우선 특정한 의미를 지닌 말이 아닌 의미 없는 말일 때가 많다. 가능하다면 당신은 아이에게 다가가서 당신이 원하는 반응을 놀이를 하듯 훈련시켜야 한다. 물론 그러한 단계는 아이를 부르거나, 교훈하거나, 야단치는 것보다 어렵다고 볼 수 있다. 그러므로 "안 된다"는 말은 당신의 친근한 반응과 특정한 행동의 모범이 함께 주어져야 한다. 이것은 아이에게 진정으로 유익한 것이다. 바로 거기에 유아기 학습 과정의 본질이 있다. 어린아이들은 이성보다는 감성으로 강하게 반응한다. 이 명제는 어린아이들이 부모들의 "안 돼"라는 말이 무슨 의미인지 정확하게 안다 해도 그에 순종하고 싶어하지 않음을 설명해 준다. 모든 새로운 것을 발견하고 시도해 보려는 열성은 이성의 소리보다 더 강하다. 어린아이 편이 되는 것은 어린아이에게 "안 된다"는 것의 결과를 육체적으로 경험할 수 있는 기분 좋은 감정으로 직접 전달하는 것이다. 어린아이가 부모에게 친근감을 느끼며 자신의 환경을 편하게 느낄 때 부모의 "안 돼"를 즐겁게 웃으며 즉시 받아들이는 것은 놀라운 일이다. 물론 당신이 금지사항을 관철하려면 아이 편만 들어서는 안 된다. 아이 편만 든다면 아이는 부모로부터 사랑의 표현을 얻기 위해 언제나 금지된 것을 어겨야 한다는 것을 터득하게 된다. 그렇게 될 때 부모의 모든 노력이 허사가 되는 것이

다. 아이들이 벌도 사랑의 표현으로 받아들일 수 있다는 것을 우리
는 이미 알고 있다.

　당신이 자녀와 충분히 놀아 주고 사랑을 표현한다 해도 당신은
"안 돼"라고 말한 것은 대가를 치러야 하며 기계적으로 "안 된다"고
한 것은 당신이 못하게 하려던 바로 그것을 하게 만든다는 사실을
알아야 한다. 그러나 당황하지 말고 친절하고 일관성 있는 행동으
로 대하라. 몇 번의 학습과정을 통해 아이는 놀랍게도 자의식을 사
용하여 새로 주어진 규정을 지킬 수 있을 것이다.

4. 친절한 태도나 보살핌, 일관성이 늘 아이의 꺾을 수 없는 호기심을
해결해 주지는 못한다. 언제나 "안 된다"고 하는 것은 부드럽게 표
현하더라도 아이에게는 극복해야 할 좌절감이 되는 것이다. 상황
에 따라서 아이는 다시 언짢아지고 화를 내게 될 것이다. 이 경우에
당신은 기지를 발휘해야 한다. 아이의 주위를 환기시키거나 상황
을 변화시켜 주는 것이 가장 효과적인 방법일 것이다.

　화분의 흙을 열심히 퍼내던 정훈이를 다시 생각해 보자. 그 엄마
가 야단을 치며 거세게 화분을 빼앗았다면 정훈이는 그 근사한 장
난감을 붙잡고 있으려고 안간힘을 다했을 것이다 그러나 색이 다
양한 집짓기 놀이로 주의를 돌렸을 때 정훈이는 화분을 곧 잊어버
렸다. 어린아이는 이와 같이 순식간에 자신의 관심사를 변화시킬
수 있다. 어린아이는 자신의 주위의 사물을 알아보기 위해 목적을
갖고 대하는 것이 아니라 즉각적인 반응으로 대하는 것이다. 아이
의 시야에 들어와서 관찰의 대상이 되는 것은 우연에 달려 있다. 아
이는 자기의 작은 세계 내에 있는 모든 대상을 기이하게 여긴다. 결
과적으로 어린아이가 선호하는 영역으로 호기심을 돌리게 하는 방
법은 매우 쉬운 것이다. 고맙게도 작은 '탐험가'는 새로운 자극에

의해 유혹을 받는 것이다. 상황에 따라서 당신은 어린아이의 관심
의 방향을 바꾸거나 당신의 아이를 새로운 상황(예를 들면 다른 방
으로)으로 데려갈 수 있다. 당신이 시도한 새로운 환경이 당신 아
이의 흥미를 자극시켰다면 당신의 전략은 성공한 것이다. "여기 봐
라! 여기 좋은 것이 있네!" 또는 "놀이방에 무엇이 있는지 맞춰 볼
래!" 이렇게 하면 당신 자녀의 호기심은 억제되지 않고 평화적으로
보상받게 되는 것이다. 당신의 자녀는 당신의 이해할 수 없는 강요
를 경험하지 않고, 하지 말아야 할 경계선을 쉽게 알게 되는 것이
다.

어린아이의 안정감을 확실히 보장해 주는 중요한 교육방법을 다시
한번 요약해 보자. 당신의 자녀에게 함께 사는 규칙을 가르쳐 주기 위
해 당신은 다음과 같이 해야 한다.

1. 아이에게 맞는 환경을 조성해 주어야 한다.
2. 아이가 규칙을 어겼을 경우에 친절한(친절하게 하기 어렵다면 최
   소한 화는 내지 말고) 어조로 타이른다.
3. 타이른 내용을 당신 자녀와 함께 여러 번 실행해 본다.
4. 어린아이의 주의를 환기시키거나 완전히 다른 상황을 만들어 주는
   등 대체물을 제공해야 한다.

이상의 제안은 성공률이 높은 것이다. 처음에 부모들은 인내심을
발휘하는 데에는 시간이 너무 많이 걸린다고 생각하지만 결국에는 그
방법이 부모의 신경이 소모되는 것을 방지하고, 어린아이가 부모의
말을 잘 수용하고 타협에 응할 줄 알게 되면서 부모 자신이 삶의 여유

를 얻게 된다는 사실을 인정한다. 이렇게 설득력 있는 경험을 예상할 수 있음에도 불구하고 일상적인 매일은 아주 다르게 진행된다. "시간이 없고, 쉼이 없으며, 인내심이 없는 것이다." 많은 부모들은 어린아이에게 야단을 치거나 욕을 하거나 소리를 지르지 않고는 견디지 못하는 것이다. 부모들이 아이들을 다룰 때에는 항상 "그만두지 못하겠니!", "벌써 열 번도 더 말했잖니!", "너, 당장 그만두지 않으면…" 등의 협박이 있게 마련이다. 그런 말을 듣고 자라는 아이들이 참을성 없고 공격적 성향을 나타내는 데 대해 이상하게 생각해야 하겠는가? 다섯 살 정도의 아이들 중 상당수가 개인적으로 거부당함으로 인한 좌절감을 4만 번 이상 경험한다는 것이다. 이러한 경험이 아이를 공격적으로 만드는지, 두려워하며 주저하는 아이로 만드는지는 아이의 정신력과 기질에 달려 있기도 하며, 다른 한편으로는 자기가 처한 환경에 좌우되기도 한다. 당신의 교육의 태도가 어떠한지 점검해 보라. 혹시 당신은 자녀의 호기심을 무시하거나, 갈등을 불러일으키는 호기심을 다른 방향으로 돌려주지 않고, 너무 자주 인정사정 없이 "안 돼"라고 잘라 말하지는 않았는가?

3) 반항기

10개월 된 보람이는 유모차에 앉아서 토끼 인형을 갖고 놀고 있다. 보람이 엄마는 이웃 아줌마와 이야기를 나누고 있다. 갑자기 이웃 아줌마가 "저기 좀 봐요"라고 소리치는 것이었다. 작은 토끼 인형이 길에 떨어진 것이다. 엄마는 인형을 주워서 보람이에게 주었다. 그런데 또 조금 뒤에 인형이 유모차에서 또 떨어져 있는 것이었다. 보람이 엄마는 다시 주워 주었다. 그런데 얼마 안 되어 인형은 다시 길가에 떨어

져 흙먼지를 뒤집어쓰고 있었다. 그것을 보던 이웃집 아줌마는 화가 났다. "쟤가 일부러 그러나 봐요. 제 눈은 못 속여요…."

실제로 유모차를 타고 다니는 아이들은 일부러 장난감을 바닥에 내던지는 일은 즐기고 있다. 손을 잘못 놀려서 그런 것이 아닐까 하는 생각도 하지만 절대 그런 것이 아니라 남몰래 즐거움을 얻고자 하는 목적으로 그러는 것이다. 어떤 아이는 그렇게 함으로 다른 사람에게 반복되는 일을 하게 하며 즐긴다. 또 다른 아이는 다른 사람을 기만할 수 있다는 즐거움을 맛보기도 한다. 특정한 행동을 통해 인간은 사람들의 주목과 사랑을 받거나 사람들을 당황하게 만들기도 한다. 아이의 연구심은 한 살부터 시작되며 그들은 자신의 의지를 시험해 보며 외부 세계의 저항을 자신의 의지로 관철해 보려 한다. 크고 강한 어른을 자신의 심부름꾼으로 전락시키는 것은 아이가 권력의 맛을 보는 순간인 것이다. 아이의 이런 시도는 귀엽고 익살스럽게 봐주거나 너그럽게 참아줄 수 있다. 아이는 너무 약한 존재이므로 자신에게 해가 되는 적수를 알아차릴 수는 있지만 그에 대해 영향을 끼칠 가능성은 제한되어 있다. 그러나 어린아이가 걷기 시작하고 행동반경이 넓어지면 자신의 주변에 갈등을 일으키는 상황에 대해 알아내고자 하는 호기심이 늘어난다. 그뿐 아니라 시간이 지남에 따라 자신의 의지를 시험하고자 하는 태도는 부모와의 합법적인 투쟁을 할 수 있는 문제를 만들어 낸다. 이러한 기간이 두 살 반에서 다섯 살 된 어린아이들에게 나타난다는 사실을 우리는 알고 있다. 그러나 이 개념은 오해의 여지가 있으며, 어린아이들이 어른들에게 고집을 피우는 것이 수수께끼같이 알 수 없는 이유에서 시작되는 것인가 하는 의문을 갖게 만든다.

우선 어린아이들의 의지의 형성은 인격 성장의 증거로 나타나는 것이므로 기뻐해야 할 일이다. 그러나 몇 달만 지나면 이 발달 단계의 피할 수 없는 결과를 우리는 부정적인 언어로 '고집'이라고 표현한다. 더군다나 관철하는 능력을 형성하고 훈련하는 것은 나이에 따라 단계별로 이루어지는 것이 아니다. 그 능력은 인간의 전 생애에 걸쳐 발달한다. 분명한 것은 어린아이는 자신이 의지력을 소유하고 있음을 의식하며, 새로 발견한 이 도구를 더 강화시키며 일정한 시간 동안 사용한다는 것이다. 이 어린아이의 자의식의 실험이 분명한 문제를 야기하는가는 주위 환경이 어떻게 반응하는가에 달려있다. 어린아이가 반항심을 발휘하여 고집스럽게 나온다면 부모들은 어떻게 반응하겠는가? 다음의 예들은 전형적인 아이의 고집을 더 잘 이해하도록 도울 수 있을 것이다.

실례 1

15개월 된 정미는 놀이방에서 인형과 집짓기 블록을 갖고 놀고 있다. 정미는 열정적으로 장난감을 이리 저리 굴리며 갖고 놀기도 하며 제 나름대로 자세히 관찰하기도 하였다. 그러나 그 평화스러운 전경은 시끄러운 소리와 함께 곧 깨지고 말았다. 정미가 집짓기 놀이를 벽에 던지기 시작하고 엄마가 급히 놀이방으로 들어오셨다. 반항기가 일찍 찾아온 것일까? 반드시 그렇지는 않다. 충동적이고 활발한 아이들은 자신의 환경에 생동감을 불어넣는 데서 즐거움을 찾는다. 정미도 장난감을 던지는 물건이나 주사위로 바꾸어 사용하는 것이다. 정미의 행동은 분명 새로운 것을 발견하는 기쁨에서 나온 것이 아니라 분노에 찬 충동에서 나온 것이다. 물론 어린아이들도 일이 잘 풀리지 않으면 화가 나게 마련이다. 정미의 어머니는 어떻게 행동해야 하겠는가?

어쨌든 어린아이가 일이 잘 안 된다고 신경질을 내며 거센말로 해결하려 하는 것은 바르지 않은 것이다. 그럴 경우에는 분노의 감정을 누그러뜨리게 해야 한다. 가장 좋은 것은 그러한 상황을 아이 스스로 다스리도록 하는 것이다. 당신의 자녀가 가구를 향해 무언가를 던질 때 당신이 친절한 어조나 화가 나지 않은 평범한 어조로 안 된다는 것을 분명히 말하면 그 아이는 결국 위험수위에서 벗어나게 된다.

실례 2

정미의 예를 다른 상황에서 관찰해 보자. 정미는 놀이터의 모래사장에서 모래와 자갈을 갖고 놀고 있다. 정미의 엄마가 그때 "이제 집에 가야 돼"하며 놀이를 중단시켰다. 그러나 정미는 더 놀고 싶었다. "싫어!" 단호하게 거절한 정미는 다시 자기 놀이에 열중했다. 정미의 엄마는 아이를 낚아채다시피 잡아당기며 집으로 데려가려 했다. 그러자 자신의 세계를 침범한 엄마에 대해 화가 나서 버둥거리며 발로 땅바닥을 구르며 움직이려 하지 않았다. 그러나 결국 엄마는 해냈다. 정미는 거의 폭력에 가까운 방법으로 놀이터에서 끌려나가는 것이었다.

이것을 반항이라고 볼 수 있겠는가? 외관상 볼 때는 그렇다고 볼 수도 있다. 그러나 엄마가 좀더 기술적으로 접근했다면 그러한 반 폭력은 사용하지 않아도 되었을 것이다. 엄마에게 저항하는 행위의 근본 원인은 정미가 아니라 엄마였다. 중요한 것은 아이의 놀고자 하는 욕구를 꺾기 위해 강요하거나 좌절감을 느끼게 하는 방법을 사용해서는 안 된다는 것이다. 이런 종류의 갈등은 어떻게 해결될 수 있는가?

1. 우리는 아이에게 이제 갈 시간이 되어간다고 미리 알려 주어야 한다. 그러면 아이는 자기가 놀던 것을 끝내야겠다고 생각하게 된다.
2. 아이가 함께 가기를 주저한다면 타협점을 찾아야 한다. 예를 들어 이렇게 말할 수 있다. "우리, 예쁜 돌 좀 주워 갈까? 그러면 집에 가서도 놀 수 있잖아." 이러한 방법으로 아이의 놀이에 대한 욕구는 좌절되지 않고 다만 다른 환경에서 계속될 수 있는 것이다(환경의 변화).
3. 다음의 방법도 자주 사용되는 것이다. 아이를 잡아끌고 가지 말고 아주 친절하게 말하도록 한다. 대부분의 아이들은 갑자기 끼어 들어 자기 일을 방해하는 어른들의 눈치를 살핀다. 아이들은 어른이 하라는 대로 급히 따라 하기는 한다. 그러나 어른의 눈을 피해서 다른 곳에 가서 놀 수도 있다. 여기에서 나타나는 심리적 현상은 놀이는 즐겁지만 혼자 남겨지는 것이 두려운 것이다. 그럼에도 불구하고 아이는 자신이 결정했다고 느끼게 된다.

실례 3

세 살 된 경민이는 엄마에게 다른 어려움을 주고 있다. 경민이는 엄마와 함께 놀이터에 가기를 싫어한다. 엄마는 이렇게 말한다. "저는 경민이가 놀이터에 가고 싶어한다는 것을 알아요. 하지만 처음에는 가기 싫다고 고집을 피우지요." 여기서 우리는 어린아이들이 "싫어"

라고 함으로 자신의 의지를 시험해 보는 것을 보게 된다. 이 경우에 아이의 힘을 과시하고자 하는 욕구가 놀고자 하는 욕구보다 강하게 나타나는 것이다.

그럴 때에는 "절대 안 돼!"라고 화를 내며 말함으로 아이의 고집을 꺾는 대신, 진지하게 아이의 견해를 받아들이고 아이의 순간적인 소원을 존중해 주어야 한다. "그래, 집에서 놀도록 하자"라고 말하면서 아이에게 여유를 주는 것은 매우 훌륭한 처사이다. "네가 혹시 놀이터에 가고 싶으면 엄마에게 말하렴!" 그러면 대부분의 어린아이들은 자기가 원래 놀이터에서 놀고 싶어했다는 사실을 자각하게 된다. 그럴 경우에는 화나거나 무시당하는 듯한 마음은 들지 않게 된다. 그와 반대로 아이는 자신의 소원이 받아들여졌다는 사실로 기쁨을 누리게 되며, 어른들은 전형적인 반항을 어떤 불협화음도 없이 잘 넘겼다는 사실로 자부심을 느낄 수 있을 것이다.

실례 4

아이에게 있어서 자기 힘을 과시하려는 욕구가 얼마나 강하게 작용하는가는 다음의 예를 통해 볼 수 있다. 놀이터에서 돌아온 경민이에게 아빠는 "초콜릿 먹을래?" 하고 질문한다. 그 아이는 초콜릿을 거절해 본 적이 없지만 "지금은 싫어"라고 말함으로 주위 사람들을 놀라게 하고 있다. 경민이가 아픈 것일까? 그건 아니다. 그러나 잠시 후에 경민이는 초콜릿을 먹고 싶어한다. "싫어"라는 말은 아이가 자신의 의지를 잠시만이라도 과시하려는 시도이다. 의지를 관철하는 것은 자신의 기본적인 필요를 채우는 것보다 더 중요한 것이다.

이 상황에서 우리가 기분이 상해서 초콜릿을 장롱 깊숙이 숨겨 버린다면 상황을 오해한 것이다. 여기서도 여유를 갖고, 아이의 원하는

대로 해줄 수 있음을 알리고 아이가 제안한 것을 지지해 주면 어린아이는 자신이 파트너로 이해되고 있다는 것을 느끼게 된다. 부모들이 이러한 기본적인 입장을 일관성 있게 보인다면 아이들은 몇 주 후에는 주위 사람들에게 "싫어"라고 말함으로 자신의 의지력을 입증하고 과시하려는 태도를 버리게 될 것이다.

실례 5

어린아이가 자신이 원하는 것을 하고 싶을 때에도 반항적으로 될 수 있다. 지혜는 거실에서 사과가 하나 굴러다니는 것을 발견했다. 그것은 세 살 된 사촌이 먹다가 남긴 것이었기 때문에 엄마는 부엌에서 하나 더 가져다 먹으라고 말하고 있다. 지혜는 다른 것을 가져올 마음이 내키지 않는다. 마지못해 지혜는 엄마와 함께 부엌에 가서 엄마가 사과를 잘라 접시에 놓는 것을 초조하게 바라보고 있다. 그러다가 갑자기 접시를 뒤엎어서 사과조각이 식탁에 흩어져 버렸다. 엄마는 "너, 이렇게 하면 아무 것도 못 먹어!"라고 낮은 음성으로 타이르며 사과조각을 주어 담는다. 일 분쯤 후에 지혜는 갑자기 "여기 봐요. 나 맛있는 사과 있어요!"라고 하며 신이 나 웃고 있다. 어린아이가 갑자기 기분이 전환되어 환호를 지르며 기뻐하는 것은 신기한 일이다. "아이, 맛있어!" 지혜는 기뻐하며 아무 일도 없었던 것처럼 사과를 허겁지겁 먹고는 만면에 미소를 띄우고 있다. 엄마가 지혜를 침착한 태도로 대했으므로 문제가 확대되기 전에 해결된 것이다.

실례 6

타협이 허락되지 않는 상황이 있다. 위험한 상황에 놓이게 될 때에는 "싫어"라는 말을 들어줄 수 없다. 지혜가 엄마와 슈퍼마켓에 갔을 때 길을 건너다가 중간에 서서 가려하지 않는 것이었다. 이 상황에서는 말이 필요 없는 것이다. 엄마는 지혜의 팔을 잡아끌어 빨리 길을 건너게 했다. 강제로 끌려간 데 대한 어린아이의 분노는 얼마 후에 다시 가라앉게 될 것이다.

이상의 예들은 아이의 반항에는 다양한 이유들이 숨어 있음을 말해 주고 있다. 그것은 다음과 같이 요약될 수 있다.

1. 다른 사람이나 우연한 사건이 개입하지 않은 상태에서 자신의 책임 하에 일이 안 풀리는 데 대한 좌절감.
2. 아이의 필요를 채워 주지 않은 데 대한 좌절감 - 아이는 무엇인가를 하려 하지만 해서는 안 될 경우.
   부모가 자신의 주장을 관철하는 경우 - 아이는 하기 싫어하는데 해야 하는 경우.
3. "싫어"라고 말함으로 아이가 자신의 의지를 실험해 봄.

아이가 반항하는 이유들은 동시에 작용할 수도 있다. 그러므로 우리는 아이가 힘을 과시하기 위한 동기로 반항하는지 혹은 다른 동기로 반항하는지 구분할 수 없다. 언제나 그렇듯이 우리는 어른들이 결코 어린아이들의 기분을 이해하지 못하는 것을 안다. 자녀와 부모간의 갈등을 불러일으키는 요소는 얼마든지 있다. 당신이 자녀의 반항기를 다스리려고 한다면 생각 없이 반응하거나 당신의 의지를 관철하려 해서는 안 된다. 아이가 자신의 뜻을 고집할 때 억누르기만 하는 것은 역효과를 가져오게 된다. 어린아이들은 더 심하게 반항하게 되고 결국은 이겨야 하는 것이다.

우리는 반항적인 아이들이 어른들을 적대자로 보며 신경을 거스르게 한다는 것을 볼 수 있다. 당신의 아이에게 여유 있게 공감하는 태도를 보이면서 당신이 어린아이를 이해한다는 사실을 알게 하라. 그렇게 되면 그 아이의 반항기는 자신의 인격을 발전시키고 형성하는 과정으로 지나가게 될 것이다. 이제 당신이 반항아를 다루는 데 도움이 되는 방법을 정리해 보고자 한다.

1. 자동적으로 차단한다. 어린아이가 자기 멋대로 하면 우리는 생각 없이 무조건적으로 반응하는 경향이 있다. 이러한 반응은 결국 부모에게 스트레스를 주게 된다. 아이와 갈등이 없는 관계를 유지하고자 하는 사람은 생각한 후에 행동하면서 그러한 무조건적인 반사작용을 억제해야 한다.

2. 왜 그런지 질문해 보라. 우리가 시간적 여유를 가질수록 우리는 아이의 반항 속에 숨은 이유를 생각해 낼 수 있게 된다. 부모들과 상담해 보면 놀라운 사실을 발견하게 된다. 부모가 그들의 자녀가 왜 그런 식으로 행동하는지 질문을 받는다면 그들은 설득력 있는 심리적인 답변을 할 수 있을 것이다. 지금까지 부모들은 자녀의 반항 문제를 깊이 생각해 볼 시간을 내지 않은 것이다.

3. 자신의 감정을 감지한다. 대부분의 부모들은 자녀들이 고집을 피우면 화가 나거나 당황한다. 특별히 그런 행동이 완전히 근거가 없는 듯이 보일 때는 더 화가 난다. 게다가 부모들이 거의 의식하지 못하는 상태에서 부모들은 어린아이에게 지배되는 것을 느낀다. 부모들이 화를 내는 것은 무기력함을 나타내는 것이다. 당신의 자녀가 다시 한번 당신을 힘들게 할 때 이러한 심리학적인 현상을 관찰해 보라. 당신의 감정을 읽으며 반항적인 아이와 특정한 거리를 둘 때, 당

신은 아이의 반항을 건전한 인격의 발전의 표현으로 이해하며 눈감 아줄 수 있을 것이다.

4. 평정을 유지하라. 지금까지 제안한 것들을 명심한다면 마음의 평정을 유지하는 것은 어렵지 않을 것이다. 성급하게 화를 내는 것은 아이에게 전이되고 아이가 타협안을 받아들일 마음을 닫아 버리게 되므로 부모가 부드럽고 침착하게 대하는 것은 매우 중요하다.

5. 아이를 진지하게 받아들인다. "싫어!"라는 말은 순간적인 감정을 보여 주는 것이다. 지금 마음이 우울해도 아이는 금방 기쁘게 웃을 수 있는 것이다. 온 세상을 움직여야 직성이 풀릴 듯 고집하던 일도 몇 분 후에는 완전히 잊혀지게 된다. 아이의 시간 감각으로 보면 현재가 가장 중요하다. 지금, 여기에서 일어나는 일이 중요한 것이다. 그러므로 우리는 반항적인 아이가 변하지 않을 것으로 편견을 가져서는 안 되며 아이가 바라는 것이 수시로 변한다는 사실을 받아들여야 한다.

6. 타협안을 찾는다. 타협안을 찾기 위해서는 상상력이 필요하다. 지금까지 제안한 것들이 당신의 제2의 천성처럼 된다면, 당신은 갈등으로 둘러싸인 상황 속에서 전에는 생각하지 못한 해결책을 찾을 수 있을 것이다.

아이의 필요가 무시되고 의지의 발산이 지속적으로 억압된다면 반항기가 길어질 우려가 있다. 부모와 자녀간에 신경전이 시작되면 혼하지 않게 여러 해 동안 가족이 괴로움을 당하는 일이 벌어질 수 있다. 아이의 고집이 고착되는 것은 10여 년이 지난 후 나타난다. 어른들 중에서도 어릴 적에 하던 대로 반항적인 사람을 만나볼 수 있다. 의지 형성의 시기는 외적으로 가장 중요한 삶의 일부분이다. 그 시기에 아이는 다른 사람과 조화를 이루고 절충안을 만드는 사람으로 자라든지, 아니면 무조건 불평하며 화를 내는 반응을 하는 사람이 되든지, 자신의 필요를 나타낼 때 짜증을 내며, 반항심을 교묘하게 숨긴 반응을 보이는 사람이 되든지 자신의 모습을 만들어 가게 된다. 아이의 의지를 억압하는 것은 부모에게 승리했다는 오해를 불러일으키기도 하지만 결국은 아이의 반항심을 키우는 것이다. 아이는 자신의 처지에 순응하고 입을 다물어 버린 후 좌절감으로 가득한 소심한 아이가 되는 것이다.

"제 딸이 반항기일 때 저는 되도록 조용하고 침착하게 대하려고 노력했어요. 그 결과 저희 아이가 자아의식이 있으면서도 사람들과 잘 어울리는 사람이 되었다고 생각해요. 우리 애는 두 살 정도에 몇 주 간 반항기를 보였어요. 그렇게 짧은 기간이었어도 저는 신경쇠약에 걸릴 뻔했어요. 저는 우리 부모들이 아이들 여럿을 키우면서 어떻게 침착하게 참아낼 수 있었는지 모르겠어요." 실제로 이러한 경험담을 실행해 보기는 매우 힘들다. 아이들에게 항상 친절한 말투로 대하는 것은 쉽지 않은 것이다. 완전할 수는 없지만 의식적으로 친절하게 대하도록 노력한다면 평화로운 관계를 위한 걸음을 내디뎠다고 볼 수 있다.

4) 아이들끼리의 싸움

유치원이나 학교의 놀이터나 운동장에는 아이들이 여기저기 놀고 있고 시끄럽기도 하고 활기차 보이기도 한다. 환호성을 지르고, 악을 쓰고 주먹으로 때리고 발로 차고 엉겨서 씨름을 하기도 하며 욕지거리도 주고받는 모습은 흔히 볼 수 있는 일이다. 옷이 찢어지기도 하고, 여기 저기 멍이 들고, 코피가 터지는 일도 있다. 그런 현상을 잔인한 공격성이나 폭력 범죄의 초기 징조로 보아야 하겠는가? 특별한 경우에만 그럴 것이다. 아이들이 활동적으로 놀고 손찌검을 하는 것은 삶의 기쁨이 격렬하게 나타나는 것으로 볼 수 있다. 우리 주위 환경만이 연구 대상이 되는 것은 아니다. 인간은 훨씬 더 흥미 있는 연구 대상이 될 수 있다. 외관상 공격적으로 보이는 아이들의 행동은 자세히 관찰하면 충동적인 호기심에서 나오는 것임을 볼 수 있다. 욕을 하는 것도 악의가 없는 것이 대부분이다. 욕에다 주먹까지 휘두르는 것은 경계선을 넘어선 것으로 보이기도 한다. 그러나 아이들의 싸움은 스포츠를 즐기는 것과 비슷한 것으로 해석하면 된다. 자신의 힘을 적에게 사용해 봄으로 누가 더 강한지 증명해 보고 싶은 것이다. 힘을 사용하여 아이가 스스로 경험하는 것은 자기가 속한 그룹 내에서 거부당하거나 용납되는 것 뿐 아니라, 육체적인 가능성의 발견이다. 대부분의 교육학자들은 아이의 싸움이 자신의 의지를 관철하려는 훈련이며 자의식을 형성하는 것이라고 본다. 최소한 놀이가 악의를 품은 싸움으로 악화되지 않는 한에서 그렇게 볼 수 있는 것이다.

우리가 흔히 볼 수 있는 아이의 싸움은 깊은 의미를 지니고 있다. 육체적인 접촉은 아이에게 편안함을 느끼도록 할 수 있다. 아기들이 어른의 무릎 위로 기어올라가든지 무릎 위에서 기뻐서 뛰고 노는 것을 볼 때 접촉을 편하게 느끼는 아이들의 성향을 알 수 있다. 그러므로 아이의 손찌검에는 잠재적인 소원이 잠자고 있는 것이다. 즉, 육체적인 접근을 통해 사랑을 경험하는 것이다. 나이가 좀 들면 약간 변형된 행동을 보게 된다. 사춘기가 되어 에로틱한 친밀감을 처음으로 경험하기 전인 어린 시절에는 공격적인 싸움을 통해 육체적 접촉을 시도하는 것이다.

그렇다고 아이의 싸움을 모두 인격이 형성되기 위한 과정이라고 긍

정적인 의미로만 볼 수는 없다. 이 책의 전반부에서 우리는 정말 공격적인 아이들이 어떤 식으로 다른 아이들을 방해하는지 보았다. 공격성이 나타나는 이유로 우리는 소유하고자 하는 욕심과 복수심이 있음을 들었다. 후자의 예로 한 아이가 자기를 화나게 한 상대방을 공격하거나, 부모나 강자로부터 당한 억울하고 화나는 감정을 약자에게 풀어 버린다는 것을 언급한 바 있다.

　아이들의 싸움은 친구들간에만 일어나는 것이 아니라 형제 자매들 사이에서도 일어난다는 사실을 자녀가 많은 부모들은 매일 관찰할 수 있을 것이다. 유치원이나 학교에서 일어나는 일이 각 가정에서도 일어나는 것이다. 나이가 더 어린 아이들은 싸움을 견디어 내는 수밖에 없다. 대부분의 경우에 몇 분만 지나면 싸움을 야기한 문제는 온데 간데 없어지고 아이들은 다시 정상적인 상태로 돌아오게 된다. 무엇보다도 형제 자매일 경우에, 힘의 역학 관계는 고르지 못하므로 결과는 항상 같다. 그밖에 싸움이 심해지면 다칠 위험도 있다 그래서 아이들이 물건을 던지며 싸울 정도로 심하게 싸울 때 방관하는 것은 바람직하지 않다. 그럴 때 어른들은 재판장 역할을 감당해야 한다. 우리는 약해 보이는 쪽이 항상 잘못이 없지 않음을 알면서도 도움을 요청하는 소리를 크게 낸다는 이유로 외관상의 약자 편에 서는 경향이 있다.

많은 부모들은 아이들의 꾀에 넘어간다. 아이들은 형이나 누나를 화나게 하고는 자신을 보호해 주기를 요청하는 것이다. 큰 아이들은 잘못을 했든지 하지 않았든지 어른들로부터 꾸중을 듣게 된다. 그럴 때 점차적으로 큰 아이들이 자신이 언제나 잘못하고 있다는 느낌을 갖는 것은 이해할 만한 것이다. 당신이 아이들의 싸움에 끼여들어 한쪽 편을 드는 것과, 중립적인 위치에 서서 갈등의 해결점을 찾게 하는 것은 큰 차이를 만든다. 당신이 아이들에게 함께 사이좋게 놀 것을 조용히 타이른다면 그들 중 아무도 억울함을 느끼지 않으며 왜 싸웠는지조차 금방 잊어버린다.

형제끼리 끊임없이 싸우는 집이 있다. 세 살 이하 터울일 때는 특히 그렇다. 그것은 극히 정상적인 형제 자매의 경쟁심에서 나오는 것이라고 우리는 자주 듣게 되지만, 피할 수 없는 형제간의 싸움에 대해 이해하지 못한다. 큰아이들은 어린아이로서 당혹스러운 경험을 하게 된다. 갑자기 생긴 동생이 부모님의 사랑을 빼앗아 가는 것이다. 이러한 좌절감은 동생에 대해 공격적인 경쟁심으로 표현되거나 밤에 이불에 오줌을 싸는 등 퇴행현상으로 나타난다. 이러한 해석은 매우 설득력 있지만 항상 맞는 것은 아니다. 눈에 띄게 나타나는 형제 자매들의 경쟁심은 필요악이 아니다. 아이가 동생이 태어나기 전에 이미 좌절감을 수없이 경험했다는 것은 확실한 것이다. 자신이 거부당하는 것을 느끼며 좌절감을 경험할 때 질투심이 생긴다. 분명히 누구나 자기가 충분히 받지도 못하는데 그것을 다른 형제에게 나누어 주어야 한다는 사실로 인해 기분이 유쾌하지는 않을 것이다. 그러므로 한평생 지속될 수도 있는 형제 자매간의 싸움은 아이들이 부모의 사랑이 부족함을 주관적으로 경험한 데서 비롯되는 것이다.

물론 아이에게 사랑을 너무 적게 준다고 생각하는 부모는 거의 없

다. 결과적으로 부모들은 아이들의 싸움을 나이 차이나, 성별의 차이
나, 형제 자매의 재능의 차이에 있다고 본다. 심리학적으로 볼 때 특정
한 아이의 특징(이기주의나 특별한 배려를 요구하는 태도)은 몇째 아
이인가에 따라 결정된다는 것이다. 자녀가 둘인 경우 나이 차가 세 살
이하일 때 부모들은(무엇보다도 어머니는) 특별한 부담을 느끼게 된
다. 그들은 아이들이 자라면서 아이들을 다루는 것을 점점 더 부담스
럽게 느낀다. 그럼에도 불구하고 큰 아이를 행복하고 좌절감을 별로
느낄 수 없는 환경에서 자라게 한다면 그 아이는 두세 살이 되어도 엄
마가 동생에게 신경을 쓸 수 있는 여유를 준다. 더 나아가서는 큰 아이
가 동생을 사랑해 주고 돌봐 주면서 엄마에게 도움을 준다는 것이다.
그럼으로써 엄마에게 "우리 아이가 벌써 이렇게 자랐구나!" 하는 느
낌을 준다. 그러나 첫째 아이가 좌절감과 공격성이 교차되는 속에서
자라게 된다면 동생이 태어난 후 부모들은 감당할 수 없을 정도로 힘
들게 된다.

　그렇게 안정감이 없는 가정 생활이 지속된다면 평온하고 화목한 가
정을 만드는 것은 매우 힘들 것이다. 물론 새로운 교육 방법을 시도하
는 것이 하고자 하는 의지나 새로 터득한 깨달음으로만 되는 것은 아
니다. 우리 자신의 태도는 이해할 수 없는 내적인 강요에 의해 좌우되
는 것처럼 보인다. 그것은 우리 자신이 습득된 교육 방법에 의해 자동
적으로 행동하지 않으려고 주의해도 불가피한 것이다. 우리는 아이에
게 조용하고 침착하게 대하겠다고 마음먹어도 아이에게 욕하고, 소리
지르고, 때리기도 하게 된다. 그것은 양심의 가책을 불러일으키고 우
울하게 만드는 경험이다. 그런 일을 어떻게 피할 수 있겠는가? 다음
장에서 우리는 교육태도에서 전형적으로 나타나는 특징은 무엇이며
당신의 약점이 어디에 있는지 생각해 볼 것이다. 또한 당신의 충동적

이고 공격적인 행동에 대해 설명해 보며 내적인 충동성을 제거할 수 있는 방법과 가능성을 제시할 것이다.

3. 부모의 태도가 미치는 영향과 원인

"나는 문제가 되지 않을 거야" 또는 "내가 어떻게 행동해야 하는지 물론 알고 있지!" 상담하러 오는 부모들을 보면 이러한 확신에 찬 사람이 많이 있으며 그들은 결코 자녀의 문제에 대해 자신이 공동 책임이 있다고 생각하지 않는다. 이러한 방어적 태도는 이해할 만하다. 누가 자신이 비극적인 자녀교육에 대해 공동 책임이 있다고 수긍하겠는가? 그러나 공동책임이 있음을 인식시키면서 상담자가 부모에게 그들의 잘못에는 악한 의도가 절대 숨어있지 않다고 설명해도 부모들은 즉시 자신의 태도를 더 비판적으로 보려 한다. 이러한 자기관찰로 인해 자기 자신을 깊이 자각하는 일이 일어난다. "나는 어떤 사람인가?" "내가 어떻게 행동하고 있는가?", "다른 사람에게 내가 어떻게 행동하고 있는가?" 등은 인간이 주관적 감정이라는 여과지를 통해 사건이나 사물을 감지하게 되므로 쉽게 대답할 수 없는 문제이다.

자녀교육 상담자들이 피상담자인 부모가 자녀들에게 어떻게 하는가를 비밀리에 녹음하거나 녹화한 것을 보여 주면 그들은 당황해서 웃거나, 어처구니가 없는 듯 놀란 얼굴을 하며 이렇게 말한다. "세상에, 제가 저렇게 했단 말이에요? 망신스러워라!", "애들하고 말할 때면 화를 안 내는 때가 없네요." 부모들이 자신의 모습을 봄으로 부드럽고 좀더 다듬어진 반응을 할 필요를 느끼게 된다. 지금까지 우리는

아이의 공격성이 여러 면에서 부모들의 태도와 밀접한 관련이 있음을
보았다.

당신이 자녀를 어떻게 키우고 있는지 거울을 들여다 보라. 분명히
공격성 테스트는 당신에게 해결의 실마리를 주었을 것이다. 다음의
테스트는 당신의 자녀와의 관계에 있어서 지금까지 간과해 온 문제와
갈등이 무엇인지 알려 줄 것이다.

1) 자녀교육 방법 검사

(1) 검사 주제: 내 아이에게 어떻게 대하고 있는가?

쌈돌이가 주인공으로 나오는 다음의 그림에서 당신은 전형적인 갈
등 상황을 볼 수 있을 것이다. 당신의 자녀교육 태도와 가장 가까운 것
에 체크한다. 특별한 날이 아닌 일상적인 일과에서 일어나는 것을 염
두에 두고 한다. 한 가지만 택하는 것이 어렵다면 두 가지를 택할 수도
있다. 당신이 이 시험을 끝마친 후에는 배우자에게 답할 기회를 준다.
그 다음에는 당신의 배우자가 아이에게 어떻게 대하고 있는가를 표시
한다. 그 다음에는 당신의 배우자의 눈에 비치는 당신의 반응을 표시
하게 한다. 서로를 보는 눈이 일치하는가? 아마 놀랄 일이 벌어질 것
이다.

1. 일요일 오후 쌈돌이(여섯 살)가 놀이터에서 돌아왔는데 머리끝부터 발끝까지 흙을 뒤집어쓰고 있다. 당신은 어떻게 반응하겠는가?

	아빠	엄마	아빠가 본 엄마	엄마가 본 아빠
① 조용한 목소리로 말한다. "너 항상 일거리를 만들어야겠니!"	○	□	○	□
② 웃으며 "아, 재미있게 놀았니?"라고 묻는다. 그리고 맘대로 하도록 한다.	○	□	○	□
③ 아이의 지저분한 옷을 벗기고 목욕탕에 들어가게 한다.	○	□	○	□
④ 그런 사소한 일은 아는 체 하지 않는다.	○	□	○	□
⑤ 언짢은 목소리로 질문한다. "옷을 더럽히지 않고 놀 수는 없니?"	○	□	○	□

2. 며칠 전부터 아이(5세)의 방은 전쟁터 같았다. 당신은 이 무질서에 대해 어떻게 반응하는가?

	아빠	엄마	아빠가 본 엄마	엄마가 본 아빠
① 솔직하게 말해서 아이의 방이 어떻든지 상관하지 않는다.	○	□	○	□
② 아이와 함께 방을 청소하기 시작하고 혼자 계속 치우도록 격려한 후 방을 나온다.	○	□	○	□
③ 아이의 방을 들여다보며 소리친다. "정말 방 좀 치우지 않겠니?"	○	□	○	□
④ 아이가 무질서 속에서도 편안하게 느끼는 것에 대해 기뻐한다.	○	□	○	□
⑤ 아이에게 정리하라고 여러 번 말한다. 말을 전혀 듣지 않으려 할 때에는 가볍게 손으로 때릴 수도 있다.	○	□	○	□
⑥ 머리를 갸우뚱하기는 하지만 별말	○	□	○	□

을 하지 않고, 어질러 놓은 것을 직
접 치운다.

3. 잘 시간이 되었다. 그러나 아이는 다시 일어나서 자지 않겠다고 버티고 있
다. 당신은 어떻게 반응하겠는가?

	아빠	엄마	아빠가 본 엄마	엄마가 본 아빠
① 관여하지 않는다. 언젠가는 피곤해서 자리에 누울 것이다.	○	□	○	□
② 두 번이고 세 번이고 아이를 다시 침대에 눕힌다. 그래도 자려고 하지 않으면 윽박지른다.	○	□	○	□
③ 아이에게 침대에 누워 있어야 한다고 분명히 말한다. 예를 들어 "한 번만 더 일어나면 내일 텔레비전은 금지야!" 라고 말한다.	○	□	○	□

④ 아이를 소파에 앉히고 텔레비전을
보거나, 책을 읽는 등 내 일을 계속
한다. 그리고 가끔 아이를 사랑스
럽게 쳐다보면서 스스로 자러가기
를 기다려 준다.

⑤ 한숨 쉬듯 말한다 "이제 우리 좀
쉬게 해주렴." 그리고 아이를 다시
침대로 데려간다.

⑥ 아이를 잡아 다시 침대로 데려가서
함께 있어 주고 이야기도 들려주며
쓰다듬어 준다.

4. 아이는 밥을 잘 먹지 않는다. 오늘도 반만 먹고 남겼다. 당신의 반응은 어떠
한가?

아빠　엄마　아빠가　엄마가
　　　　　　본 엄마　본 아빠

① 나는 이렇게 말한다. "그래, 괜찮
아! 초콜릿이 먹고 싶으면 냉장고

에서 꺼내 먹으렴!"

② 결과에 대한 책임을 지는 것은 중
요하므로 이렇게 말한다. "오늘 저
녁까지 여기 앉아 있으면 다 먹을
수 있을 거야!"

③ 말없이 밥그릇을 치우고 관여하지
않는다.

④ 아이에게 강하게 충고한다. "좀 먹
어 봐라!" 나는 숟가락을 입어 넣
어 주며 먹이려고 애쓴다.

⑤ 계속 맛있게 먹도록 격려하며 안
먹으면 배고플 것이라고 말해 준
다. 고집을 피우면 나는 밥그릇을
치우고 내일부터는 먹을 만큼만 덜
어 먹으라고 말한다.

⑥ 이렇게 말한다. "너, 나를 얼마나
힘들게 하는지 아니? 네가 먹지 않
으면 나는 정말 힘들어!"

5. 당신이 아이 방에 들어갔다. 아이는 명백한 이유도 없이 당신에게 혀를 내밀며 놀린다. 당신은 이러한 문제를 어떻게 해결하겠는가?

	아빠	엄마	아빠가 본 엄마	엄마가 본 아빠
① 나도 웃으면서 마찬가지로 혀를 내민다.	○	□	○	□
② 조용하게 말한다. "그렇게 하는 것은 좋은 일이 아니야! 그리고 아이 방에서 하려던 일을 아이와 함께 한다.	○	□	○	□
③ 이해할 수 없다는 표정을 짓고는 아무 말도 하지 않고 되돌아서 방에서 나간다.	○	□	○	□
④ "이런 버르장머리없는 녀석!"이라고 말하고는 때린다.	○	□	○	□
⑤ 잘 타이른다. "어? 그거 못 보던 거구나. 어디서 그런 걸 배워왔니? 이제 다시는 그런 거 하지 마라. 또	○	□	○	□

하면…."

⑥ 아주 조용히 침착하게 말한다. "키
　운 보람이 없구나! 왜 나를 늘 화나
　게 하는 거지?"

6. 쌈돌이가 당신의 지갑에서 돈을 꺼내려다가 들켜버렸다. 당신은 이 심각한
상황을 어떻게 풀어 나가겠는가?

	아빠	엄마	아빠가 본 엄마	엄마가 본 아빠
① 아이에게 왜 그런 짓을 하는지 설 　명할 것을 요구하고 야단을 친 다 　음, 용돈을 올려 준다.	○	□	○	□
② 잠시 시간을 둔 후 미소지으며 말 　한다. "너 도둑이 될래?"	○	□	○	□
③ 흥분해서 아이를 때린다.	○	□	○	□
④ 그런 짓은 나쁜 것이라고 말해 준 　다. 그리고 그 행동의 근원이 어디 　에 있는지 함께 찾아 본다.	○	□	○	□

⑤ 당황하여 말한다. "네가 그런 짓을
　할 줄은 정말 몰랐다!"

⑥ 손에서 지갑을 빼앗아 꾸짖는 눈초
　리로 쳐다보고는 아무 말도 안 하
　고 더 이상 눈길을 주지 않는다.

7. 이 괴로운 숙제! 아이는 이제 2학년이 되었다. 그런데 숙제를 하는 속도가
너무 느리다. 당신은 이 문제를 어떻게 돕고 있는가?

	아빠	엄마	아빠가 본 엄마	엄마가 본 아빠
① 전혀 돕지 않는다. 아이가 천천히 　숙제를 하므로 놀 시간이 없다면 　그것은 자신의 잘못이다.	○	□	○	□
② 아이 옆에 앉아서 빨리 하도록 타 　이른다. 그리고 이렇게 재촉한다. 　"네가 그렇게 느리게 하면 내가 언 　제 내 일을 끝내니?"	○	□	○	□

③ 아이 옆에 앉아서 속도를 내게 하 　　○　　□　　○　　□
고 필요하다면 도와준다.

④ 처음부터 아이가 이해하지 못하는 　　○　　□　　○　　□
모든 것들을 설명해 준다. 그리고
얼마 동안은 혼자 숙제를 하도록
격려한다. 이렇게 해서 진보가 생
길 때 나는 칭찬을 아끼지 않는다.

⑤ 이렇게 말한다. "네가 30분 안에 　　○　　□　　○　　□
끝내지 않으면 오후 내내 밖에 나
가지 못할 거야."

⑥ 맘대로 하게 놔두고는 때때로 부드 　　○　　□　　○　　□
럽게 말한다. "너, 오늘 밤새우려
고 하니?"

8. 숙제가 형편없었다. 당신은 그러한 결과에 대해 어떻게 반응하는가?

　　　　　　　　아빠　엄마　아빠가　엄마가
　　　　　　　　　　　　　　본 엄마　본 아빠

① 나는 이해할 수 없다는 표정을 짓 　　○　　□　　○　　□

고는 말한다. "너는 좀더 노력해야
돼!"

② 이렇게 말한다. "정말 안됐구나.
먼저 식사를 하고 나서 숙제를 어
떻게 했는지 한번 보자꾸나."

③ 즉시 틀린 곳을 보고는 말한다.
"오늘부터 매일 30분 간 복습해야
된다!"

④ 나는 맥이 풀린 채 말한다. "너는
왜 더 조심해서 숙제를 하지 않는
거니?"

⑤ 이렇게 말한다. "더 이상 너에게
기대할 수 없구나. 너는 너무 무관
심해!"

⑥ "더 못한 사람도 있겠지!" 라고 말
하고 더 이상 숙제에 관해 언급하
지 않는다.

9. 아이들 방에서 싸움이 벌어지고 있다. 어떻게 잠잠하게 만들 수 있는가?

	아빠	엄마	아빠가 본 엄마	엄마가 본 아빠
① 싸우는 아이들을 떼어 놓고 조용하고 단호하게 말한다. "너희가 화해해야 다시 놀 수 있지!"	○	□	○	□
② 싸우는 아이들을 떼어 놓고 잘못한 아이를 야단치며 말한다. "너희가 사이좋게 놀지 않으면 나는 정말하가 난단다."	○	□	○	□
③ "이제 정말 그만하지 못해?" 라고 소리지르고 아이들을 때린다.	○	□	○	□
④ 아이들의 싸우는 모습을 지켜본 후에 웃으며 질문한다. "나도 같이 놀아 줄까?"	○	□	○	□
⑤ 두 아이들은 그들의 싸움을 스스로 해결해야 하므로 나는 방관한다.	○	□	○	□
⑥ 이렇게 말한다. "이제 그만 싸워	○	□	○	□

라! 매일 싸움만 하니 내가 죽겠어!"

10. 놀이터에 큰 아이가 와서 우리 아이를 쫓아냈다. 당신은 이 경우에 어떻게
하는가?

	아빠	엄마	아빠가 본 엄마	엄마가 본 아빠
① 아이를 팔에 안고 위로해 주며 말 한다. "나쁜 아이들이 저렇게 많다 니, 참 무섭구나!"	○	□	○	□
② 아이에게 일어난 일을 이야기하게 하고 다시 가서 놀도록 격려한다. 그리고는 문제가 다시 생길 때 관 여하기 위해 노는 아이들을 장시간 동안 지켜본다.	○	□	○	□
③ 이렇게 말한다. "그렇게 겁먹지 말 아라! 너도 용감할 수 있어!"	○	□	○	□
④ 아이를 위로한다. "인생은 힘든 것 이란다."	○	□	○	□

⑤ "너도 한대 때리면 되잖아!"라고　　　○　　□　　○　　□
　아이를 부추긴 후 큰 아이에게 데
　리고 간다.
⑥ 이렇게 말한다. "난들 어떻게 하겠　　○　　□　　○　　□
　니, 네 일인데!"

(2) 검사평가

　다음의 표는 당신의 교육방법이 어떤 유형에 해당하는지 말해 주고
있다. 당신이 첫번 문제에서 ③이라고 답하면 당신의 교육방법은 W
에 해당한다. 5번 문제에서 ①을 선택했다면 Y형의 교육방법에 해당
된다. 당신이 두 가지 답을 선택했을 경우에는 두 가지 교육방법을 혼
합해서 사용하고 있는 것이다.

	①	②	③	④	⑤	⑥
1	U	Y	W	X	Z	V
2	Z	X	V	Y	W	U
3	Z	V	W	Y	U	X
4	Y	W	Z	V	X	U
5	Y	X	Z	W	V	U
6	W	Y	V	X	U	Z
7	Z	U	V	X	W	Y
8	Z	X	W	U	V	Y
9	X	V	W	Y	Z	U
10	U	X	V	Y	W	Z

이제 당신의 테스트 결과에 나온 알파벳을 세어서 합계를 내보라.

<table>
<tr><td colspan="2" align="center">엄마</td><td></td><td colspan="2" align="center">아빠</td></tr>
<tr><td>U</td><td>______ 번</td><td></td><td>U</td><td>______ 번</td></tr>
<tr><td>V</td><td>______ 번</td><td></td><td>V</td><td>______ 번</td></tr>
<tr><td>W</td><td>______ 번</td><td></td><td>W</td><td>______ 번</td></tr>
<tr><td>X</td><td>______ 번</td><td></td><td>X</td><td>______ 번</td></tr>
<tr><td>Y</td><td>______ 번</td><td></td><td>Y</td><td>______ 번</td></tr>
<tr><td>Z</td><td>______ 번</td><td></td><td>Z</td><td>______ 번</td></tr>
</table>

당신에게서 가장 많이 나온 알파벳이 당신의 교육 방법의 유형이다. 순간적인 인간의 감정은 경우에 따라 매우 큰 차이가 날 것이다. 정신없이 바쁜 날에는 사람들은 자극을 받고 평소와 달리 반응한다. 물론 테스트하는 날 당신의 상태가 정상적이고 보통 날과 다름없었다면, 당신의 대답은 한두 가지 철자로 표현될 것이다. 테스트 결과가 U에서 Z까지 분산되어 나왔다면 당신의 교육방법은 기분이나 상황에 강하게 좌우되는 것이다. 다음에 여섯 가지 교육방법의 특징을 설명되어 있다. 그러나 그것은 어떤 방법이 좋거나 나쁘다고 이야기하는 것은 아니다. 다만 이 모든 기본적인 교육태도는 아이에게 분명한 영향을 미치고 있다. 중요한 것은 당신의 자녀의 반응의 원인과 결과의 관계를 보여 줌으로 행동을 바르게 해석하도록 돕는 것이다.

(3) 나의 교육 방법

U형(비난형)

이러한 교육방법 뒤에는 근본적으로 단 한 가지의 생각만이 있을 뿐이다. "나는 불쌍한 사람이다. 그것은 너 때문이다!" 그러므로 아이와의 의사소통에서 대체로 질책이 나타난다. 내면에서의 요구와 자기 연민은 질책에서는 나타나지 않고 다만 음성과 얼굴표정이 그것을 나타내고 있다. 무엇보다도 아이의 요구가 일관성 있게 관철되는 경우는 거의 없다. 부모는 한숨을 쉬며 이해할 수 없다는 듯 머리를 흔들며 아이의 말을 들어 주기도 한다. 부모는 자신의 타협의 자세를 매우 자주 "호의적"이거나 "애정이 넘친다"고 착각할 수 있다. 그러나 아이는 부모의 고소하는 듯한 말과 불만의 표정을 보고 편안함을 느끼지 못한다. 반대로 아이는 죄의식을 느끼며, 자신을 악하게 여기고, 자신의 인격을 의문시하게 된다. 아이는 기가 죽거나, 위축되거나, 부모의 끝없는 잔소리에 대해 반항하거나, 초조함과 공격성을 나타내기도 한다. 많은 경우에 이런 아이의 공격성은 자신의 인격에 대한 자책으로 나타난다. 그에 반해 강인한 아이는 외적으로는 부모의 비난에 영향을 받지 않은 듯 보인다. 그러나 그들의 내면에서는 조용한 저항이 일어나며 그 저항은 종종 수동적이지만 매우 끈질긴 반항으로 나타난다. 그들의 부족하고 비협조적인 태도는 부모들이 사랑을 갖고 아이의 삶에서 장애물을 제거해 주고 도움을 주는 사실을 통해 더 강화될 뿐이다. 사실 보호자로서의 부모의 역할 뒤에는 자녀에 대한 비난과 규제하고자 하는 태도가 숨어 있음에도 불구하고 우리는 이러한 상황을 '과잉보호'라고 부른다.

V형(충동형)

이 유형의 특징은 부모들의 일관성 없는 태도이다. 대체로 목소리와 표정은 걱정하고 염려하는 것보다는 화가 나 있거나 공격성을 드러낸다. 부모들의 충동성은 대부분 신경이 예민하기 때문에 나타나는 것이므로 기분이 수시로 변할 것이 예상된다. 딱딱한 말투로 책망하고 요구하는 것은 몇 초 만에 사랑에 가득 찬 염려로 바뀔 수 있다. 말그대로 달콤한 것을 주다가 다시금 채찍을 주는 것이다. 때때로 말로만 위협하는 것이 아니라 때리는 일이 벌어진다. 화가 난 말투로 "백번도 더 말했잖아!"라고 말하는 것은 V형이 전형적으로 하는 말이다. 아이는 충동적인 부모의 태도를 예측할 수 없다. 상황과 기분에 따라서(U형처럼) 아이는 불안정하게 되며, 화를 잘 내며 공격적으로 반응하게 된다. 또는 부모의 예민함은 아이를 극단적으로 고집스럽게 만들 수 있다.

W형(권위형)

"벌은 꼭 주어야 한다!"를 원칙으로 삼는 부모들이다. 거기에 덧붙여 텔레비전 시청 금지, 외출 금지, 용돈 줄이기 등도 엉덩이나 종아리를 때리는 것만큼 자주 사용된다. 부모들은 자녀와 대화할 때 조용히 자제된 상태에서 매우 객관적이고 때로는 차갑고, 아무 감정 없이 이야기하기도 한다. 이러한 교육 방법은 V형과 혼합되어 직선적인 성향을 나타내기도 한다. 직선적인 성향은 아이에게 분명한 선을 그어 주기는 하지만 아이를 억압하여 발달을 저지시킨다. 결과적으로 아이에게 분노가 잠재적으로 축적될 위험이 있으며 공격성이 높아질 수 있다. 부모들에게 매를 맞은 아이들은 잔인한 모습을 드러내는 분노를 터뜨려서 주위 사람들을 놀라게 하기도 한다.

X형(동역자형)

이러한 교육방법은 게임의 법칙과 같이 분명한 선을 그어 주지만 아이의 필요를 고려해 주고 이해하며 아이에 대한 공감대가 높다는 것이 그 특징이다. 타협이 가능하다면 타협을 추구할 것이다. 타협할 때 부모들은 화를 내거나 분노하지 않고 잠잠하고도 따뜻한 사랑어린 어조를 사용할 것이다. 이 유형은 발전의 기회를 최대한 보장해 줄 수 있다. 물론 권리를 누릴 수 있는 곳에는 의무가 따라야 한다. 아이는 자신의 총체적인 인격이 이해되고 있음을 느끼므로 자신의 행동이나 말에 책임을 질 준비가 되어 있다.

Y형(관용형)

X형과 마찬가지로 아이를 용납하는 교육태도이다. 아이가 잘못하는 것에 대해 너그럽게 봐주며 미소로 받아넘기는 경우가 많다. 그러한 너그러운 이해는 균형이 잡히고 자신에 대해 만족하는 인격의 소유자로부터 나오게 된다. 많은 경우에는 인생의 경험을 통해 인격이 성숙해진 할아버지나 모든 갈등을 피하려는 의지가 약한 부모가 이러한 반응을 나타내게 된다. 반발이 일어나는 것을 막기 위해 그들은 아이들에게 물질공세를 하기도 한다. 그들의 교육의 원리는 분명한 협약대신 약속과 보상이다. 물론 아이들은 즐겁게 웃게 해주고 그들의 짓궂은 행동을 선물로 보상한다면 아주 기분 좋아한다. 반권위적이라고 말할 수 있지만 아이들의 버릇을 나쁘게 하며, 일정한 기준을 정해 주지 않으므로 아이들이 공동생활의 규칙을 지키는 습관을 들이는 데 어려움을 겪게 된다. 이런 환경에서 자란 아이들은 책상과 의자에 올라가기도 하고, 자기가 노는 데 정신이 없어 다른 사람들에게 불편을 끼친다는 사실에 대해서는 전혀 고려하지 않는다. 부모들은 아무리

관대하려 해도 때로는 V나 W형 같이 강력한 조치를 취해야 할 때가 있다. 그럴 때 평소에 좌절감을 극복하는 능력을 키우지 못한 아이는 극단적인 반응을 보일 수 있다. 화가 치민 아이는 "난 살기 싫단 말야!"라고 말할 수도 있다.

Z형(방임형)

외형상 반권위적인 교육방법이다. 이 방법은 아이에게 거의 모든 자유를 허용한다. 그러나 외적으로 너그러운 이 방법은 잠재된 공격성을 동반하는 무관심에서 기인한다고 볼 수 있다. "너 하기 싫으면 관둬라!" 하는 식인 것이다. 부모들의 요구에 대해 아이들이 관심을 갖지 않는 경우가 많을 때 이런 방법을 사용하게 된다. 그러한 태도는 극단의 경우에는 아이에게 완전히 무시당하거나 반대의 경우 벌을 주는 것으로 나타난다(V나 W형). 이 유형이 아이에게 미치는 영향력은 매우 다양하다. 이 교육방법을 쓰고 있음을 보여 주는 지나친 공격성은 감정을 잘 표현하지 못하게 할 때나 무관심에 방치할 때와 같이 나타나게 된다. 이런 유형에서는 V나 W형에서보다 아이의 불안이 덜 나타난다.

교육의 방법을 평가하는 데 있어서 대부분의 내적인 동기와 감정의 동요는 고려되지 않았다. 우리가 예를 들어 권위적인 교육태도에 대해 말하고자 한다면 그 배후에 확고한 원리가 있는지(W형) 부모들이 자포자기하고 있는지(V형) 이해하는 것은 매우 중요하다. 권위적인 교육방법 배후에는 그 방법에 친절한 감정이(Y형) 동반되는지 혹은 무관심함이 나타나고 있는지(Z형) 연구되어야 할 것이다. U, V, W형과 불가피하게 연결되어 있기 때문에 독자적인 교육방법으로 언급하지 않은 과잉보호형은 두 개의 완전히 다른 감정의 요소를 지니고 있다. 즉, 사랑이 풍부하며 보호해 주고 도와주는 면과 공격적으로 제한하고 요구하는 면을 지니고 있다.

이러한 교육태도가 분명하게 드러나는 경우는 흔하지 않다. 상황과 기분에 따라 당신은 아이에게 매우 다양한 모습으로 대하고 있음을 발견하게 될 것이다. U형(비난형)은 대체로 V형(충동형)이나 W형(권위형)과 동시에 나타나는 한편 X형(동역자형)은 Y형(관용형)과 동시에 나타나는 경우가 많다. 또한 Z형(방임형)은 V나 W형으로 변할 수 있다. 대부분의 가정에서 교육방법은 여러 가지 면으로 나타난다. 그럼에도 불구하고 기본적인 태도는 분명하게 드러나며 두세 가지 유형으로 표현된다. 문제는 부모가 같은 태도를 취하지 않고 각각 다른 교육 방식을 택하는 것이다. 당신의 가정에서도 그런 결과가 나올 수 있다. 물론 그러한 일관성 없는 교육은 자녀의 발달을 위해서는 유익하지 않다.

우리가 지금까지 고찰한 바에 의하면 양쪽 부모가 모두 X형의 교육방법을 택할 경우 매우 놀라운 효과를 발휘할 수 있다. 그러한 방법에 Y형의 교육방법이 가미된다면 그 집안은 약간 긴장되고 때로는 생동감 있는 분위기를 지니게 될 것이다. 이러한 조화 있는 분위기는 다만 이상적인 것일 뿐, 부모들을 상담해 보면 U, V형과 W형은 우리의 일반적인 추측보다 훨씬 더 많이 나타난다. 그러므로 부모들의 공격성은 자녀들에게 좌절감을 주는 동시에 모방의 대상이 되며 가정교육이 어떻게 이루어질 것인가를 결정하고 자녀들의 못된 행동에 대해 책임이 있는 것이다. 그러나 항상 변명이 따른다. "아이들에게 항상 부드럽게 대해 주고 이해하는 것은, 말만 쉬울 뿐이지 행동으로 옮기기는 어렵다"는 것이다. 그것은 맞다. 그러나 다만 어렵기 때문에 화목한 관계를 보장해 주는 기본 태도를 실행하지 않겠다는 말인가? 우리는 자녀들에게 공격적으로 대하는 자신의 태도를 분석해 보아야 한다. 그렇게 함으로 우리의 공격성의 배경을 이해하고 공격적인 태도를 줄여나갈 수 있을 것이다.

2) 공격성의 배경

(1) 좌절감

이 책의 시작부분에 나온 일상적인 하루가 어떠했는지 상기해 보자. 몇 가지 일이 잘 안 풀렸고 그에 대해 화가 나곤 했다. 이 일상적인 좌절감은 내적인 긴장을 형성한다. 우리는 그것을 스트레스라고 부른다. 직업이나 집안 살림이나 배우자로부터 오는 부담감이 커질수록 아주 작은 일에도 화가 치밀게 된다. 대부분의 부모들은 이러한 일상생활의 짜증나는 일들이 자녀에게 충동적이며 공격적으로 대하게 만드는 가장 큰 요인으로 보고 있다. 그것은 상당히 설득력 있게 들린다. 분명히 짜증나는 상황들은 침착함을 잃게 하여 자기가 하루 동안 받은 스트레스를 아무런 제어장치 없이 아이에게 쏟아내게 한다. 게다가 우리는 화를 내는 것이 집안이 시끄러워진 결과가 아니라 원인이라는 사실을 간과하고 있다. 자신의 좌절감은 일상생활에서 잘 풀리지 않는 일들이 얼마나 우리에게 큰 영향을 끼치는가를 보여 준다. 우리가 이미 언급한 바와 같이 이러한 일들은 한 살 때에도 경험하는 것이다. 즉, 우리가 어렸을 때 경험한 것은 오늘날 자신의 가정교육방법에 영향을 미친다는 것이다. 작은 실험을 통해 그러한 관계는 확연히 드러난다. 자신의 교육방법에 대해 검사하는 부분을 다시 펴고 당신이 받은 교육을 생각하며 점검해 보라. 그 결과 당신이 아이에게 하는 무의식적인 행동이 당신의 부모로부터 받은 교육의 영향임을 확인할 수 있을 것이다.

(2) 불안

일곱 살 된 한 아이가 무릎에 피를 흘리며 크게 울며 집으로 들어왔다. 엄마는 흥분해서 말한다. "조금만 주의하면 안 다치잖니? 밖에 나가서 그렇게 돌아다니지 말라고 여러 번 말했잖아! 왜 말을 안 듣는 거니? 이걸 어째!" 엄마는 숨도 쉬지 않고 장황하게 잔소리를 늘어놓으며 아이를 끌고 욕실로 데리고 가서 상처를 닦아 준다. 그 엄마는 상처가 그렇게 심하지 않은 것을 확인한 후에는 아이를 팔에 안고 위로해 준다. "다행히 그렇게 심하지는 않구나. 다음부터는 조심해야 한다!"

이 예는 부모들의 공격성이 화가 나서 충동적으로 나타나는 것이 아니라 아주 다른 원인이 있음을 보여 준다. 그것은 자기 자녀의 안전에 대한 염려와 거정에서 나타나는 것이다. 아이가 먹지 않으려 하면 어른들은 아이에게 병이 날 것이라고 겁을 준다. 아이가 욕을 하거나 거짓말을 하면 부모들은 자기 자녀가 신용할 수 없는 사람이 될까 염려한다. 아이가 약속한 시간에 집에 돌아오지 않으면 무슨 위험한 일이 일어났는지 불안해한다. 아이의 학교 성적이 안 좋으면 아이가 커서 어떻게 살 수 있을지를 염려하는 것이다. 일반적으로 공격적이지 않고 조용한 부모들도 아이들에 대해 염려할 때에는 그 태도가 공격적으로 돌변한다. "우리는 네가 잘되는 것을 원할 뿐이란다"라고 하는 말은 진정일 것이다. 그러나 공격적인 교육태도로 나타나는 것은 대체로 악영향을 끼친다.

　당신이 아이에 대해 염려할 때 어떤 영역에 대해 염려하고 있는지 먼저 발견하도록 하라. 그것을 발견하는 데는 이 책에 제시된 검사에서 당신의 교육방법이 어떠한 유형으로 나오는지 알면 도움이 될 것이다. 당신 내면에 자녀에 대한 불안이 있다는 사실을 의식하게 되면 비판적인 교육방법을 바꾸어 좀더 여유 있게 대할 수 있을 것이다. 그럼으로써 당신은 자녀에게 당신의 소원과 염려를 공격적이지 않은 방법으로, 오해받지 않고 전달할 수 있을 것이다.

(3) 강요와 억압

　당신이 얼마나 강요를 잘 하는 사람인지 알아보기 위해 이렇게 시험해 보라. 잘게 오린 종이조각을 거실 바닥에 뿌리고 그것을 오랫동안 치우지 않는다. 또는 잘 꽂혀 있는 책꽂이의 책들을 엉망으로 만들기도 하고 벽에 걸린 그림을 비뚤어지게 해보라. 당신은 이 무질서를 얼마나 오래 참을 수 있겠는가? 당신은 즉시 그것들을 바로 정리하고 싶은 강한 충동에 사로잡히지는 않는가? 만일 그렇다면 당신은 자녀가 집안을 지저분하게 만드는 것을 참지 못할 것이다. 당신이 테스트 1, 2번에 답한 것을 다시 한번 생각해 보라. 그 문제는 당신이 인내하지 못하는 모습을 보여 줄 것이다. 문제 7, 8번에 대한 당신의 반응이 U형이나 V 또는 W형일 경우도 당신의 강요하는 태도를 볼 수 있게 해준다. 자기 자녀들의 학교성적을 올리려는 모든 부모들의 노력은 자녀의 미래를 걱정하기 때문만은 아니다. 그것은 완전주의 성향에서 오는 것일 수도 있다.

　아이에게 무언가를 강요하는 등 부모의 공격성이 드러나는 교육을 하게 되는 이유는 무엇인가? 당신이 어렸을 때를 기억해 보라. 집안을 지저분하게 만들고, 청소하기 싫어하고, 안 좋은 성적을 받아왔을 때 부모들이 어떻게 반응했는지 생각해 보라. 당신은 그때 부모님이 당신을 이해해 주신다고 생각했는가? 아니면 부모의 기대에 맞지 않게 행동했을 때 부모님이 불쾌하게 느끼시는 것을 볼 수 있었는가? 당신이 아이를 규범을 잘 지키는 사람으로 만들기 위해 질책하며 욕을 하고 벌을 준다면 당신의 자녀는 당신이 어린 시절 느꼈던 것과 같은 것을 느낄 것이다.

(4) 힘에 대한 요구와 복수

어린 시절을 거치지 않은 어른은 없다. 우리가 패배한 듯이 느끼던 때의 기억은 이미 흐릿해졌다. 이제 우리는 성인이 되고 강인해졌으므로 힘을 소유하게 되고 과거의 일은 잊혀졌다. 이와 같이 많은 어른들이 자신의 어린 시절의 패배감을 기억하지 못하지만 자녀들에게 그 감정을 나타낸다. 당신은 당신의 패배에 대해 저항하고 있는 것이다. 당신은 스스로 경험한 부당함에 대한 복수를 어린 자녀에게 하고 있는 것이다. 힘에 대한 요구와 복수심은 교육에서 무의식중에 매우 중요한 역할을 한다. 때리거나 가두는 등의 공격적인 행위는 많은 경우에 자신의 부모에 대해 잠재된 분노에서 나오는 것이다. 다음의 예들을 통해 공격적인 가정 교육을 복잡하지만 논리적으로 어떻게 설명할 수 있을지 알 수 있을 것이다.

한 엄마가 여섯 살 된 아이를 길들일 방법을 찾다가 상담실에 오게 되었다. "선생님은 저희 민철이가 얼마나 반항적인지 모르실 거예요. 저는 이제 더 이상 이 아이를 길들일 수가 없어요. 저희 아이는 끊임없이 저를 화나게 해요." 민철이의 적극적인 혹은 수동적인 반항은 그 엄마를 매일 격분하게 했다. "저는 침착하고 부드럽게 대하려고 노력하지요. 그렇지만 화가 치밀어 오르는 것을 억제할 수가 없어요. 어제 낮에도 일이 있었지요. 민철이가 먹기 싫은 듯이 음식을 이리 저리 헤집고 있었어요. 저는 조용한 목소리로 제대로 먹으라고 세 번이나 말했지만 들은 척도 하지 않았어요. 저는 화가 치밀어서 민철이를 세게 때렸지요. 그 아이는 서럽다는 듯 큰 소리로 울기 시작했어요. 저는 저 자신이 불쌍했어요. 제가 자신을 다스리지 못한 사실에 대해 화가 났지요. 아이가 극도로 미워져서 저는 때리는 것을 멈추지 못하고 말았어요. 그 후에 저는 심한 죄의식에 빠지게 되었지요. 이제 저는 그런 일이 또 다시 일어날까 봐 두려워하고 있어요."

여러 차례의 상담을 통해 우리는 그러한 공격성의 원인이 어디에 있는지 찾아보기로 했다. 그녀의 성장 과정을 분석할 때 그녀는 어린 시절을 쉽게 기억해 내지 못했다. 그러므로 우리는 그녀에게 긴장을 풀고 기억의 세계를 더듬어 보게 했다. 인간은 강요받지 않고 내면세계에 몰두할수록 잡념이 없어지며 오래 전에 잊혀진 경험들을 다시 생각해 내게 된다. 지난 몇 년 동안 최면술을 사용하여 특별히 평온한 상태에 들어가는 것은 매우 널리 사용되었다. 이러한 긴장완화의 상태에서 인간은 적극적인 암시를 할 뿐 아니라 무의식 속에서 탐색과정을 시작한다. 이 치료법은 미국의 정신과 의사인 밀튼 에릭슨 (Milton Erickson)에 의한 것으로 수년 간에 걸쳐 검증되었으며 발전되었다. 환자들은 이 치료법을 통해 자신의 문제를 스스로 해결할 수 있게 되었다. 특정한 언어치료법을 통해 억압된 기억이 되살아나기도 하며 갑자기 해결책이 발견되기도 한다. 그러나 환자를 반드시 최면 상태에 빠지게 해야 하는 것은 아니다. 환자가 자신의 사고의 흐름을 좌우하지 않을수록 무의식 세계의 작업은 활발해지는 것이다. 우리는 기억력을 상실한 사람이 어떤 이름이나 숫자나 사건을 기억해 내려고 애쓸수록 기억해 내기 힘들다는 것을 알고 있다. 인간이 억지로 기억해 내려고 애쓰지 않고 다른 것을 생각할 때 기억하려고 했던 것이 갑자기 떠오르는 경우가 많이 있었다. 그것은 인간의 무의식이 성공적으로 작업을 실행했기 때문이다.

우리의 예로 다시 돌아와 보면, 민철이의 어머니와 네 번 만났을 때 그녀는 긴장이 완화되어 탐색과정에 들어가 있는 상태였다. "당신은 당신이 왜 그렇게 공격적인지 알지 못하실 겁니다. 저도 잘 모릅니다. 그러나 당신의 내면세계의 비밀을 감지하는 무의식은 당신에게 그 이유를 가르쳐 줄 수 있습니다. 무의식의 지시를 받을 준비가 되자마자 당신은 눈을 뜰 수 있으며 그 중요한 내용을 받아쓸 수 있게 됩니다."[7] 몇 분 후에 민철이 엄마는 최면에 걸린 상태로 천천히 눈을 떴다. 그녀는 종이 한 장을 받아들고 기계적으로 펜을 잡았다. 그 다음 자신의 손의 움직임을 거의 감지하지 못했다. 그러면서 서서히 첫번째 글자가 모양을 드러냈다. 그것은 '아'였다. 그녀가 아이 같은 글자체로 '아빠'라고 쓰기까지는 오랜 시간이 걸렸다. 그리고 펜은 다시 새로운 글자를 쓰기 시작하여 "나는 아빠가 싫어"라는 문장을 썼다. 그것은 그녀 자신도 의식하지 못하던 것이었다. 그녀가 눈을 감은 후 정신적인 부담을 느끼지 않도록 "당신의 무의식은 우리에게 당신의 공격성이 왜 생겨났는지 말해 주었습니다. 분명히 그런 공격성이 생기게 된 어린 시절의 경험들이 있을 것입니다. 그러나 당신은 그것을 의식적으

---

7. 최면 상태에서도 사람들은 글을 쓸 수 있다. 최면 상태에서 의식적인 의지가 사라지면 사람들은 "자동적인 기록"을 할 수 있다고 한다.

로 기억할 필요는 없습니다. 당신의 무의식은 이러한 경험이 어떻게 작용하는지 결정해 줍니다"라고 설명해 주었다. 그녀는 최면에서 깨어났을 때 자신이 무엇을 썼는지 기억하지 못했다.

그러나 다음 만남에서 그녀의 공격적인 반응에 대한 이유를 의식할 수 있었다. 그녀는 이렇게 말했다. "저는 아주 무서운 꿈을 꾸었습니다. 저는 다시 어린아이가 되어서 아침을 먹고 있었어요. 갑자기 저는 아주 크고 무서운 눈을 보았어요. 그것은 아버지였습니다. 깨어보니 땀으로 젖어 있었고 기억하고 싶지 않은 어린 시절의 일이 떠올랐습니다. 아버지는 아주 엄격하셨습니다. 제가 여섯 살 정도 되었을 때 저는 잘 먹으려 하지 않았습니다. 그때 저희 아버지는 저를 때렸습니다. 말 그대로 반쯤 죽여놓다시피 했습니다." 그녀가 어린 시절 이야기를 함으로 인해 최면 상태에서 드러난 수수께끼 같은 분노의 발산이 이해되었다. 그녀의 분노의 대상은 민철이가 아니라 아버지였던 것이다.

이러한 예는 민철이 엄마의 경우만이 아니다. 때리는 것은 교육을 위해 많이 사용되고 있다. 아이 학대에서부터 매질해서 죽게까지 만드는 일은 이 사회를 놀라게 한다. 그런 일에 관련 부모들을 야만적인 사디스트들로 일축하는 것은 근시적인 것이다. 이 범인들은 스스로 피해자인 것이다. 그들의 어린 시절에 그들은 맞고, 발로 채이고, 학대를 당해 본 사람들이다. 그들의 내면에서는 잠재된 증오가 끓고 있으며 그것은 이성이나 양심에 의해 드러나지 않을 뿐이다. 그러나 기회가 주어지면 발산될 수 있는 것이다. 술에 취해 주변의 이목을 생각하지 않거나 과거와 비슷한 상황에 놓이게 되면 주변 사람이나 자신도 이해할 수 없는 공격적인 에너지가 솟아오르는 것이다. 어린아이만이 아니라 때로는 배우자도 폭력의 대상이 될 수 있다. 자신이 이루지 못한 일에 대한 원한이나 어린 시절에 경험한 잦은 모멸감 등을 보상받고 싶어하는 데서 그런 현상이 일어나는 것이다. 옷에 얼룩이 묻거나 어지럽혀진 방 등 아주 작은 이유들이 어린 시절에 있었던 비극의 발단이 된다. 부모들이 자녀들에게 바른 것을 가르치려는 좋은 의도로 다가갈 때에도 공격적인 교육 방식이 나오는 것이다.

(5) 꼭 때려야 할 때

"물론 저희 아이들을 때리지는 않지요." 상담하러 오는 대부분의 부모들이 하는 말이다. 아주 가끔 전혀 해가 가지 않게 가볍게 손으로 치거나 꼭 때려야 할 때만 때린다는 것이다. 여러 부모들이 하는 이 말은 오늘날에도 자녀교육을 위해 손찌검을 하는 것을 부모들이 인정한다는 사실을 보여 준다.

그렇게 보는 것이 지나친 것이겠는가? 그것은 결코 아니다. 이미 이 책의 서문에서 인용한 빌레펠트대학의 연구는 분명한 결과를 보여 주었다. 폭력 사용은 교육방법으로 매우 중시되는 것 중 하나이다. 때리는 것은 81.5퍼센트로 가장 높았으며 텔레비전을 금지하는 것은 66.7퍼센트, 감금하는 것은 64.2퍼센트, 용돈을 줄이는 것은 34.5퍼센트로 나타나고 있다. 강력한 폭력의 형태도 나타나고 있다. 30퍼센트 가량의 아이들이 한 번이라도 심하게 매를 맞은 경험이 있으며, 질문 받은 8퍼센트의 부모들은 자신이 아는 사람들 중에 육체적인 학대를 받은 사람이 있다고 답하고 있다. 성적 폭력도 6.4퍼센트가 된다. 그 연구는 가정 내의 폭력은 길이나 음식점 등 공공장소에서의 폭력과 다르게 평가되어야 함을 보여 주었다. 가정 내의 폭력은 더 감정이 사무치고 더 무의식적인 것이다. 가족간의 친근감에서 기인되는 폭력은 집 밖에서 일어나는 범행에 해당되는 폭력과는 완전히 다른 의미를 지니고 있는 것이다.

많은 부모들의 교육태도에서 폭력적 반응을 할 수밖에 없는 이유가 매우 깊이 숨어 있음을 다음의 실험이 보여 주고 있다. 당신이 아는 사람들과 모여 앉았을 때 "나는 애들을 때리지 않고도 잘 키울 수 있다고 생각해"라는 말을 던져 보라. 분명히 당신의 말은 열띤 토론을 야기할 것이다. 그러면 그들의 견해가 어떤지 조사해 보라. 얼마나 많은 사람이 적당한 때에 가볍게 때리는 것이 좋다고 생각하는가? 20퍼센트나 30퍼센트 정도 되는가? 아니면 때리지 않고는 교육이 이루어지지 않는다고 생각하는 사람들이 반 이상이 넘는가? 빌레펠트대학의 연구팀은 이러한 질문에 대해 구체적인 답을 주고 있다. 부모들의 체벌 형태는 네 가지로 나뉘어진다. 첫번째 그룹(13.6퍼센트)은 전혀 벌을 주지 않는다. 두번째 그룹(28퍼센트)은 때리지 않는 대신 협상을 한다. 세번째 그룹(39.1퍼센트)은 평균적이고 정상적인 교육태도를 보여 주고 있다. 가볍게 치거나 때리는 것도 다른 벌과 마찬가지로 사용된다. 나머지 네번째 그룹(19.3퍼센트)은 폭력을 사용한다고 할 수 있는 그룹으로 자녀와 협상을 맺기는 하지만 그뿐 아니라 격한 매질이나 학대가 따른다. 90년대에는 교육방법에 있어서 폭력 사용 근절에 대한 계몽을 벌였음에도 불구하고 폭력사용이 보편화되어 있었다.

그러나 놀랍게도 10대를 갓 지낸 젊은이들이 자녀교육에 대한 토론을 할 때에는 자신의 어린 시절의 분노와 불안을 완전히 망각하고, 자신의 부모들이 공격적인 방법으로 교육한 것을 이상적인 것으로 지지하며 자신의 모델로 삼고 있다. 그들이 자신을 부모와 동일시하는 데는 무의식적인 심리적 기제가 작용하는 것이다. 그 심리적 기제는 부모들의 교육태도를 받아들이며, 토론으로 이루어지는 폭력이 없는 교육을 막는 것이다. 우리의 지금까지의 연구는 자녀를 매로 다스리는

것은 아무리 부드럽게 한다 해도 기본적으로 자녀와의 관계에 영향을
준다는 것이다. 매는 아이의 못된 행동을 일시적으로밖에 고쳐 주지
못하며 아이의 전인적인 성장에 해로운 영향을 끼치기도 한다. 한 엄
마는 이렇게 말했다. "저도 아이를 때리지 않기로 결심하고 있지요.
그렇지만 제 아이가 화를 머리 꼭대기까지 치밀게 하면 제 손이 저도
모르게 올라가요. 그 후에 저는 항상 저 자신을 비난하지요. 우리 부
모들은 초인이 아니에요. 하지만 그렇다해도 아이를 때려도 되는지
모르겠네요." 위에서 본 바와 같이 소수만이 자녀들에게 너그럽게 대
했다고 말할 수 있을 것이다. 때때로 부모가 자신을 다스릴 수 없는 상
황에서 나오는 체벌도 평소에 매우 화목한 가정생활이 뒷받침되어 있
다면 자녀의 성장에 있어서 아주 심각한 것은 아니다. 그러나 우리는
분명하게 하기 위해 다음과 같은 질문을 해보아야 한다. 가볍게 때리
는 것이 의미 있는 교육 방식으로 정착했는가, 아니면 그것은 부모의
신경이 예민함을 보여 주는 것이므로 어찌할 도리가 없는 것인가? 첫
번째 경우에 부모들은 자녀들에게 "알아서 해라"라고 하며 방임한다
(W형). 두번째 경우에는 부모 자신의 충동적인 반응을 무마하기 위해
아이를 팔에 안고 위로해 쥬다(V형), 아니면 그들은 아이를 때린 데
대해 얼마나 후회하는지 보여 주지 않는다. 다만 하루종일 자신을 비
난하며 괴로워할 수도 있다. 이 경우에 아이를 때린 것은 부메랑이 되
어 돌아온다. 아이만 아프게 한 것이 아니라 부모의 마음도 아픈 것이
다. "저는 저의 무절제함이 저 스스로에게 해가 된다는 것을 알고 있
어요. 그러나 결정적인 순간에는 모든 것을 잊어버리지요." 이와 같이
많은 부모들은 그들의 공격적인 충동에 대한 무능함을 표현한다. 실
제로 내면의 압력솥이 강한 압력을 받을 때는 우리의 이성은 거의 작
용하지 못한다. 압력솥이 결국 폭발하게 되면 부모들은 어떻게 행동

해야 하겠는가?

　어떤 경우에도 이를 갈며 아이에게 등을 돌리고 일상생활을 시작하는 것은 옳지 않다. 구름이 낄 기미가 보이면 아이와 대화를 시도하라. 당신이 왜 화를 내는지 설명하고 당신의 마음을 표현하라. 그럴 때 당신은 죄의식을 느낄 필요가 없다. 당신은 이렇게 말할 수 있을 것이다. "이렇게 된 것이 참 안타깝구나. 나는 지금 신경이 예민해져 있단다. 네가 엄마를 정말 화나게 한 걸 알고 있니? 그래서 엄마는 마음이 편치 않구나. 다음에는 엄마가 화나지 않도록 함께 노력해 보자꾸나. 알겠니?" 이렇게 말함으로 당신은 아이를 이해시킬 수 있는 중요한 일을 한 것이다. 당신의 자녀는 분노에 찬 감정으로 혼자 내버려지지 않을 것이며 당신은 자신을 비난할 필요가 없게 될 것이다. 당신이 아이에게 앞으로 분노가 폭발할 듯할 때는 "조심해, 엄마 화난다!"는 말을 하겠다고 약속해 놓으면 아이는 당신의 감정에 자신을 맞추게 될 것이다. 또한 그렇게 할 때 압력솥이 터지기 전에 자녀와 함께 난감한 상황을 해결하는 법을 추구하게 된다.

　무엇보다 좌절감과 공격이 부모와 자녀 사이에 오랜 기간 동안 진행되어 왔다면 이미 적대적인 관계가 발전했을 것이며 "너처럼 나도 하겠다"는 자세가 이성적인 태도보다 더 강하게 나타나게 된다. 결국 손찌검을 하거나 소리를 지르는 상황을 피하지 못하게 된다. 이러한 악순환을 깨기 위하여 부모와 자녀의 관계를 한두 주 정도 비판적으로 점검해 보는 것이 필요할 것이다. 그렇게 할 때 결국 무의미한 마찰의 순간들은 정신적인 부담을 주게 된다. 내적인 긴장을 참을 수 없을 때까지 기다리지 말고 자신의 충동적인 행동이 큰 힘을 들이지 않고도 견제될 수 있는 것이라면 절제하는 것이 가장 좋은 방법이다. 사람들이 어떻게 그런 식으로 행동할 수 있는지에 대해서는 다음에서 알아보겠다.

3) **좌절감의 압력솥**

당신이 큰 회사의 사원으로 고용되어 일을 하게 되었다고 하자. 당신은 경제적 형편 때문에 직장에 매달릴 수밖에 없다. 그러므로 당신은 당신의 상사를 되도록 만족시키려고 애쓰고 있다. 당신의 근무가 시작되었다. 당신은 컴퓨터 앞에 앉아서 편지를 입력하고 있다. 그때 방문이 열리고 상사가 들어온다. 그 사람은 특이한 사람이다. 너무 키가 커서 당신이 그의 앞에 서면 그의 배꼽까지밖에 오지 않는다. 그는 검사라도 하듯 당신의 어깨 너머로 모니터를 쳐다보고 있다. 그리고는 크게 울리는 목소리로 "지금 무슨 일을 하고 있습니까?"라고 질문한다. 당신은 겁을 먹고 대답한다. "보고서를 쓰고 있는데요…." 그는 당신의 일을 중단시키고 말한다. "여백을 더 많이 남기라고 얼마나 더 말해야겠소?" 당신은 보고서의 여백을 다시 고친다. 당신의 상사는 그 동안 당신의 책상을 살펴보더니 서류철을 하나하나 들춰 본다. "이게 뭐요? 다 틀리게 꽂혀 있지 않나?" 당신은 당황하면서도 보고서 쓰기에 집중한다. "내가 말할 때 좀 귀기울여 잘 들으시오." 당신의 무관심한 듯한 모습이 그를 자극한 것 같다. "이제 마지막으로 말하는 거요." 당신은 귀기울여 듣고는 다시 일에 전념한다. "커피 좀 가져오시오!" 그는 당신의 자리에서 일어나게 한다. 당신은 곧장 부엌으로 간다. 당신이 커피를 가지고 오니 그는 "왜 빨리빨리 하지 못하오?"라고 말한다. 점심시간이 되니 "제 시간에 돌아오시오!"라고 당신을 신뢰하지 못하듯 미리 경고를 한다. 식당에서 당신은 밥맛이 없어 그냥 앉아 있다. "식사를 좀 제대로 하시오!" 당신의 상사는 옆의 식탁에 앉아서 당신의 식탁 매너에 대해 간섭하고 있다. "전혀 쓸만하지 않구면." 그러다가 갑자기 쾌활한 목소리로 "커피 한 잔 하시겠소?"라고 묻는다. 당신은 위장이 안 좋아서 커피를 마시면 안 되지만 감히 거절하지 못한다. 당신은 정각에 사무실로 돌아와 보고서 쓰기를 마치고는 상사에게 보여 준다. 그는 이마에 주름을 잡아가며 한줄한줄 읽어본다. 그의 얼굴은 점점 어두워진다. 그는 화를 내며 보고서를 찢어버리고는 씩씩거리며 말한다. "오타가 있지 않소!" 당신은 자기도 모르게 "그럼 당신이 직접 쓰시지요!"라고 말해 버렸다. 그러자 그 거인 같은 남자가 일어서더니 당신 손의 세 배나 되는 큰 손으로 당신의 뺨을 쳤다.

'이런 억울한 일이 있을 수가! 노예 다루듯 하네!' 이와 같이 당신은 마음속으로 상관에 대해 반항하고 있을 수 있다. 당신이 실제로 이 세련되지 못한 사람을 상관으로 모시고 있다면 당신은 분노 속에서 계속 불쾌한 나날을 보낼 것이다. 그러나 다행히도 우리가 묘사한 상관은 상상의 인물이다. 그런 종류의 전제 군주 같은 상관은 절대 만나게 되지 않을 것이다. 그런 상관을 만난다면 결코 참을 수 없을 것이며 단한 가지 길은 사표를 내는 것이다.

그러면 당신의 아이는 포악한 상관 같은 당신에게 어떻게 하겠는가? 자녀이기를 포기하는 사표를 쓰겠는가? 위의 이야기 속의 일은 많은 아이들의 일상생활과 비슷하다. 이 세계를 아이의 눈으로 보라. 어른들은 아이들이 볼 때 아이들의 존재를 위협하는 거대한 존재로 보이지 않겠는가? 이 거대한 존재가 어린아이에게 숙제를 제대로 하라고 야단치고, 제 시간에 돌아오라고 잔소리하며, 보기 좋은 매너로 행동하도록 요구하고, 거듭되는 실수를 받아 주지 못하며 화난 얼굴을 하고 목소리를 높인다면 어린아이는 얼마나 짓눌리겠는가? 가끔 부모

가 좀더 부드럽게 "글쎄, 내가 말하는 것은 그게 아니란다"라고 말한
다 하더라도 지속적으로 야단을 맞은 아이들은 자신의 모든 실수와
연약함이 받아들여지는 듯한 편안한 감정을 가질 수 없다.

아이는 매일 아침부터 저녁까지 자기 자신이 거부당하는 듯한 좌절
감을 느끼게 된다. 당신은 자세히 보아야 한다. 당신이 이야기 속의
상관과 비슷한 점이 있다고 생각되지 않는가? "글쎄요. 우리는 가끔
아이들을 야단치기도 하고 욕도 하지요. 맞습니다. 그러나 우리 아이
들은 충분한 사랑을 받고 있습니다." 이렇게 말하는 부모들은 아동심
리학자가 포악한 사장과 직원 이야기로 부모와 아이의 관계를 비교할
때 코방귀를 뀔 것이다. 그에 대해 우리는 어떻게 대답해야 하는가?
다음의 비유는 우리의 이해를 도울 것이다.

당신은 매달 통장에 30만 원씩 입금하고 있다. 1년 후에는 꽤 많은
액수가 될 것이며 아무도 당신의 돈에 대해 문제를 제기하지 않을 것
이다. 그런데 매달 당신은 300만 원을 같은 통장에서 찾았다. 당신은
이 사실을 완전히 망각했다. 결국 당신의 통장은 마이너스가 되었다.

당신의 아이는 이와 같이 느낀다. 부모가 의식하든 못하든, 곱지 않
은 시선과 비판적인 말은 교육 통장에서 출금하는 것과 마찬가지이
다. "좋아", "잘했구나", "대견스럽다" 등의 격려하는 모든 말은 입금
과 같다. 결국 잔액은 우리 모두 마이너스인 것이다. 가정이나 직장에
서 칭찬하고 인정해 주는 것은 흔하지 않다. 제대로 잘 끝낸 일에 대해
서 사람들은 침묵한다. 그에 반해 기대를 채우지 못한 일은 조롱하거
나 비판하거나 가차없이 깎아 내린다. 또 다시 실수한 것이 드러나는
사람은 어리석고 무능하다는 평을 받게 되어 좌절감을 느끼고 인격
자체가 의심받는 것처럼 느낀다. 그로 인해 공격성과 불안을 위한 기
반과 정신산란과 우울증의 기반이 형성되는 것이다. 또는 행동장애나

신경증 등이 나타날 기반이 형성된다.

그러므로 당신은 당신 자녀의 좌절감의 압력솥의 압력을 빼주도록 힘써야 한다. 또 당신은 다윗과 격투를 벌이는 골리앗의 입장으로 먼저 화해의 악수를 청하라. 신경전에서 졌다고 느끼더라도 먼저 화해하라. 화해의 길은 그렇게 어렵지 않다. 우선 자신을 상관으로부터 끊임없이 지적 받는 고용인의 위치에 놓는다. 상관의 어떤 행동이 당신을 참을 수 없게 만들지 상상해 보라. 손찌검뿐 아니라 상처 주는 말이나 비난에 가까운 훈계 등이 당신을 어렵게 만들었을 것이다. 차가운 눈초리나 침묵 속에는 거부와 적의가 숨어있다. 자신의 얼굴 표정이 어떤 효과를 미치는지 제대로 판단하기 위해서 자신을 알아보는 것이 필요하다. 당신의 말투나 표현이 좌절감을 주는지 알아보기 위해 실수라고 생각되는 것들을 수첩에 기록하거나, 그 횟수를 매일 다음 쪽의 막대 그래프에 그려본다. 그래프를 통해 당신은 자녀의 좌절감이 얼마나 큰지 직접 볼 수 있을 것이다. 당신은 아이가 매일 대여섯 번이나 좌절감을 경험할 필요가 있다고 생각하는가? 아니면 15번에서 20번까지도 경험하지 않는가? 다루기 힘든 자녀를 둔 부모들이 "제가 얼마나 자주 화를 내고 욕을 하는지 셀 수가 없었습니다"라고 말하며 실험을 첫째날에 포기한다는 사실이 당신에게 위로가 될지도 모르겠다. 당신의 결과가 만족할 만하게 나왔다 하더라도 당신의 자녀에게 좌절감을 주는 일을 줄여가도록 노력하라. 좌절감 곡선의 흐름을 몇 주 간 관찰하라. 아마 당신은 흥미롭고 즐거운 것을 발견할 수 있을 것이다. 크게 힘들이지 않아도 조금만 참고 마음을 조금만 넓게 가지면 아이가 좌절하는 횟수가 점점 줄어드는 것을 볼 수 있을 것이다. 당신이 예민해지지 않을수록 당신의 자녀는 안정감을 느끼며 가족 모두가 화목한 분위기를 느끼게 될 것이다.

좌절감 기록 그래프

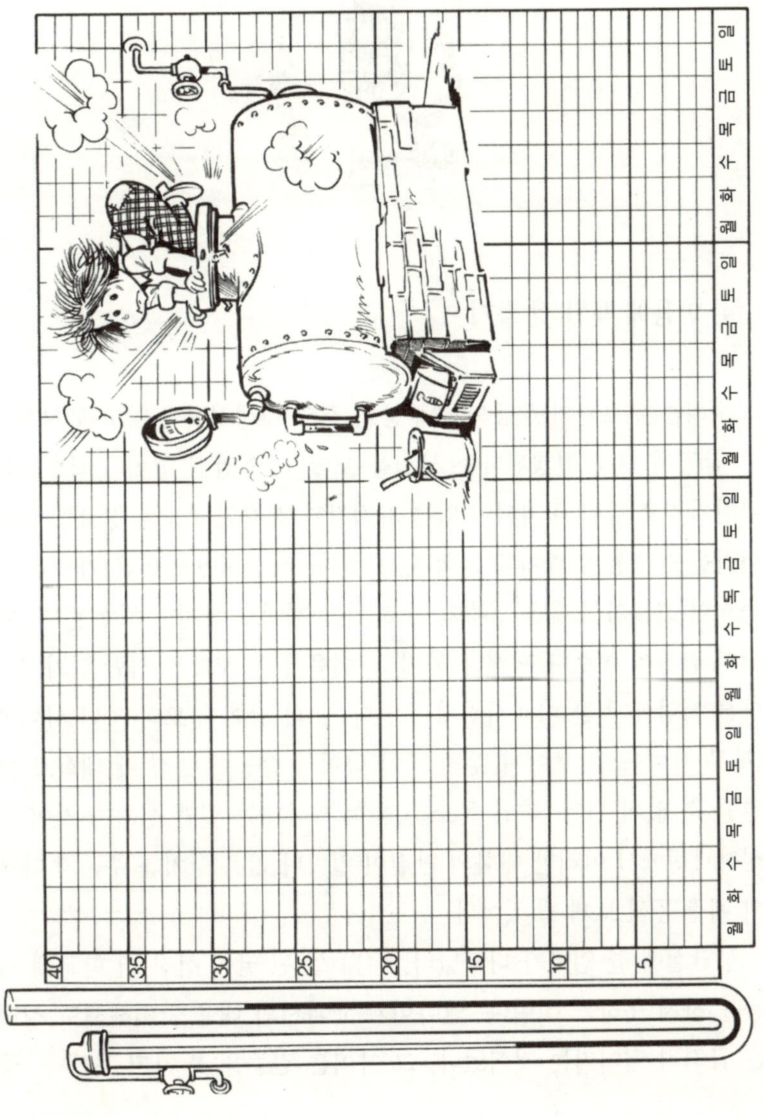

4) 마음에 맺힌 것 풀기

우리는 부모들의 행동의 대부분이 결코 이성적이지 않고 무의식적
인 감정에 의해 진행된다는 사실을 보았다. 억압된 힘이나 복수심과
마찬가지로 깊이 내재되어 있는 좌절감과 잠재된 분노와 강요는 많은
인간들을 그들의 과거에 갇혀 있게 한다. 정신적인 압박은 가슴을 짓
누르며 그들의 호흡을 멈추게 하고 말을 제대로 하지 못하게 한다. 자
신의 감정이 이랬다 저랬다 하며 그 이유를 잘 모르는 사람은 자신을
다른 사람에게 잘 이해시키지 못한다. 이와 같이 부모와 자녀 사이에
(부부 사이에도) 보이지 않는 벽이 있어서 갈등이 생길 때 대화로 해
결할 수 없게 된다. 다만 목소리 높여 짜증내는 일만 생기는 것이다.
성장과정에서 이러한 대화의 단절이 얼마나 많은 상처를 주는지 다음
의 예를 통해 보게 될 것이다.

상담실에 한 엄마가 나타났다. 여덟 살 된 딸이 점점 더 학교에 적
응을 하지 못하는 것이다. 딸아이가 교과서의 내용을 이해해도 성적
은 급격히 떨어지는 것이었다. 그 아이는 집중을 잘 하지 못했다. 공

부에 흥미를 갖지 못하고 책상에 멍청하게 앉아 있거나, 주의가 산만하며 숙제도 반쯤 놀면서 하는 것이다. 그 엄마는 말한다. "저희 아이는 제가 도와주지 않으면 숙제를 못 끝내요." 대화를 하는 중 드러난 사실은 그 엄마가 숙제만 도와주는 것이 아니라 매사에 엄마의 도움 없이는 아무 일도 못하게 아이를 키워 왔다는 것이다. 결과적으로 그 아이는 엄마에게 전적으로 의존해서 자신의 책임을 알아서 할 생각을 하지 않았다. 과잉보호에 의해 지나친 의존성이 생긴 것이다. 엄마의 보호 속에 야단치는 소리와 짜증이 섞여 있다 해도 이 문제는 이와 같이 부작용을 가져올 수 있다는 것이다. 아이의 독립심을 길러 주기 위해서는 엄마와 함께 참여하는 프로그램을 적용해야 한다.

다음의 상담에서 심리학적 문제에 관심을 보이는 어머니는 자신이 관찰하여 해결의 실마리를 얻은 데 대해 보고하고 있다. "저는 그 프로그램을 한 번 적용해 보았습니다. 그리 간단하지는 않더군요. 저의 내면에서는 딸아이를 놓을 수 없었습니다. 저에게 제가 그 동안 의식하지 못하고 딸에 대해 집착하고 의존하는 면이 있었습니다." 여기에서 우리는 이성적으로 대화하지 못하게 하는 '맺힌 것'을 볼 수 있다. 그 엄마는 최면 상태에서 자신을 아이에게 동여매는 듯한 이해할 수 없는 힘을 느끼고 그것을 극복할 준비가 되어 있다고 말하고 있다. 그 어머니가 긴장을 푼 후 그녀의 무의식은 이해할 수 없던 힘과 같은 것에 대해 쓸 수 있게 작용하였다. 그녀는 무의식 속에서 "나는 엄마로부터 자유로워질 것이다" 라고 적었다.

그 다음 번 상담에서 그녀는 자신의 문제를 놀랍게도 깊은 곳에서부터 명료하게 풀어내고 있었다. "지난번 대화 후 집에 왔을 때 저는 한번 더 조용히 앉아서 긴장을 푼 상태를 누릴 수 있었습니다. 갑자기 저도 모르게 저는 수화기를 들고 가까이에 사시는 저의 어머니의 전

화번호를 눌렀습니다. 저는 어머니께 그 다음날 오시지 않아도 된다
고 말했습니다. 제가 어머니에게 거절할 수 있었고 어머니가 그에 대
해 동의한 것은 대단히 놀라운 일이었습니다. 저는 그 일에 대해 후회
하지 않았습니다. 그 다음 날 저는 몇 년 동안 어머니가 찾아오는 것을
견디는 것이 얼마나 힘들었는지 알게 되었습니다. 저희 어머니는 매
주 서너 번이나 다섯 번까지도 저희 집에 오셔서 집안 일을 도와주시
고 모든 일에 개입하셨습니다. 저는 거절할 용기가 없었습니다. 어머
니에게 상처를 입히지 않기 위한 생각도 있었고, 어머니를 화나게 하
는 게 아닐까 두려워하는 마음도 있었기 때문입니다. 어쨌든 이제 저
는 어린아이 때처럼 어머니에게 의존하고 있음을 느끼게 되었습니다.
그로 인해 정신적인 압박을 받고 있다는 것을 이제서야 알게 되었습
니다.”

그녀는 자신의 어머니에게 거절함으로써 어머니와 대면하며 자신
의 소망을 지혜로운 방법으로 말할 수 있게 되었다. 이제 마음에 맺힌
것이 점점 풀리기 시작하였다. 다음 주에 그녀는 자신의 딸에게도 더
자유를 주는 동시에 책임도 스스로 지게 하기 시작했다. 그 외에도 그
녀는 남편에게도 비판적인 말이나 분명한 견해를 밝힐 수 있게 되었
다. 부부 사이에도 몇 년 동안 보이지 않는 벽이 있어서 깊은 감정이
오고 가는 대화를 방해하고 있었다. 그녀의 어머니에 대한 집착이 극
복되지 않는 상태에서는 정신적인 갈등이 있었기 때문에 가까운 사이
인데도 서로 솔직할 수 없었다.

모든 가정교육 상담이나 부부관계 상담에서 나온 경험으로부터 우
리는 자녀와의 자유로운 관계를 위한 제안을 할 수 있을 것이다. 세살
짜리가 계속 “싫어요”라는 말만 한다든지, 여덟 살짜리가 방 정리를
하지 않으려 한다든지, 사춘기 아이가 나이트클럽에 자주 가려 한다

든지 하는 문제에도 도움이 될 것이다.

1. *자신의 동기를 인정한다*. 지금까지의 이 책에서 다룬 내용을 염두에 두고 당신의 부모와의 관계가 과거에 어떠했는지 살펴보라. "대체로 좋았다"라고 단순화시키지 말고 부모님이 당신을 키울 때 어떤 교육 방법을 사용했는지 자세히 검토해 보라. 또 그 방법으로부터 어떤 고유한 행동양식이 발전했는지 또한 살펴보라. 당신이 아이를 키울 때에는 당신 자녀가 잘되지 못할까 두려워하는 것이 기본 동기가 되고 있는지, 당신의 지시를 벌을 주면서까지 관철시키는지 생각해 보라. 당신은 종종 자신의 부모로서의 권위가 인정받지 못한다고 느끼는가 아니면 당신의 감독자로서의 의무(후견인으로서의 권리)와 함께 자연스럽게 연결되어 있는 부모로서의 권위를 누리고 있는가? 당신이 이 질문에 정직하게 대답했다면 당신이 어린 시절에 자주 좌절감을 느낀 이유를 알게 될 것이다.

2. *감정을 표현한다*. 분노나 두려움이나 실망이나 슬픔 등의 감정을 표출하지 못하면 불안감이 생긴다. 당신의 속마음을 명확하고 분명하게 표현하도록 노력하라. 인간이 자신의 생각과 감정을 말로 표현할 수 있는 능력을 왜 지니고 있겠는가? 자녀에게 간단하게 평범하게 "네가…했기 때문에…엄마는 화가 났단다" 혹은 "엄마는 네가…하면 불안하단다"라고 말한다면 당신의 짐은 가벼워질 것이다. 동시에 당신의 자녀는 당신의 감정을 더 잘 이해하게 될 것이며, 당신의 화난 얼굴이나 이해할 수 없는 얼굴 표정이 어떤 이유로 그런 것인지 정확하게 알게 될 것이다.

3. **책임 위임.** 당신의 자녀가 세 살이든 여덟 살이든 열네 살이든 어떤 연령에도 갈등 상황은 일어나기 마련이다. 그 상황은 심리학적으로 보면 거의 구별이 되지 않는다. 어린 아이는 해서는 안 될 일을 하거나, 자기가 싫어하는 일을 해야 될 때가 있다. 우리가 본 바와 마찬가지로 많은 부모님들은 어린 자녀에게 훈계를 하고 벌도 주며 바른 길을 가르친다. 그러나 이럴 때 부모들이 충동적이거나 감정적인 경우가 많으므로 아이들은 부모들을 화를 잘 내고 잔소리하고 욕하고 원하는 것을 금지하는 사람이며, 자신의 자유를 억압하는 사람이라고 생각하게 된다. 그래서는 안 된다. 당신의 아이를 위로하라. 아주 중립적인 경우에 아이와 함께 하는 대화에 규칙을 세우라. 그 규칙은 모든 식구들이 다 지키는 것으로 해야 한다. 규칙을 어길 경우에 대해 벌칙도 구체적으로 세우라. 그렇게 함으로 당신은 역할을 다 하는 것이며 당신의 자녀가 자신의 행동에 대해 책임을 지도록 조용한 음성으로 훈계할 수 있다. 아이가 먹지 않으려 할 때 그것은 자유로운 결정에 맡긴다. 안 먹어서 배고플 경우에는 다음 식사시간까지 배고픈 채로 기다리게 한다. 아침마다 옷입고 밥먹는 일에 너무 시간이 걸리면 학교에 늦게 가게 된다는 것을 알게 하고 조금 일찍 일어나도록 하라. 당신이 숙제하는 것을 도와주는 것에 아이가 무의식적으로 저항하느라 거북이같이 느리게 끝마친다면 끝난 후에야 놀게 한다. 당신의 자녀가 숙제를 늦게 끝내서 놀 시간이 적어졌다고 마음 아파할 필요는 없는 것이다. 이 몇 가지 예는 부모들이 아이들로 인해 좌절감을 느끼고, 흥분해서 야단칠 일을 충분히 줄일 수 있음을 보여 주고 있다.

이 제안도 별 수 없다고 생각될 수 있다. 당신이 가능한 모든 것을 해보았어도 당신의 가정이 이전과 같이 소란스럽고 아이들은 변함없이 공격적이라면 우리의 모든 제안이 당신의 특별한 경우에는 맞아 들

어가지 않는 것으로 보아야 할 것이다. 당신의 아이는 현대 심리학이
단순하게 파악할 수 없는 '악한 성향' 이 있다고도 볼 수 있을 것이다.
당신이 이 책을 다시 읽게 되지 않더라도 이 책은 당신의 무의식으로
하여금 제대로 작용하게 할 것이다. 이 책은 당신의 친구나 이웃의 문
제를 바로 보게 할 수 있으나 당신 자신의 교육의 어려움에 대해서는
보지 못하게 할 수도 있다. 당신이 자녀와의 문제를 해결할 수 있는 도
움을 실제적으로 전혀 받지 못했다거나, 당신의 의도한 바를 실행하지
못했다면 교육 상담가를 찾아가기 바란다. 상담가는 당신 가정의 갈등
을 심리학적으로 분석하여 해결책을 찾는 데 도움을 줄 것이다.

당신이 당신 아이와 배우자와의 관계를 비판적으로 보고 당신의 가
정 생활을 더 화목하게 만들려 하며, 더 나아가 친구나 친지들의 가정
의 아이들을 우리 사회의 가장 연약한 구성원들로 보며 그들에 대해
인내하며, 열린 마음과 관용의 마음을 갖고 대한다면, 이 책은 대인관
계의 이해와 이 세계의 평화를 위해 약소하나마 기여한 것으로 볼 수
있을 것이다.